生命中的电影课

王晓琳 刘会忠 编著

（Ⅰ）

shengming

zhong

de

dianyingke

中原出版传媒集团
中原传媒股份公司

大象出版社

图书在版编目(CIP)数据

生命中的电影课.Ⅰ/王晓琳,刘会忠编著.—郑州：大象出版社,2021.1(2021.8重印)
ISBN 978-7-5711-0735-2

Ⅰ.①生… Ⅱ.①王…②刘… Ⅲ.①电影艺术-中小学-教学参考资料 Ⅳ.①G634.950.3

中国版本图书馆 CIP 数据核字(2020)第 159831 号

生命中的电影课　Ⅰ
SHENGMING ZHONG DE DIANYING KE　Ⅰ

王晓琳　刘会忠　编著

出 版 人	汪林中
责任编辑	梁金蓝
责任校对	张迎娟
封面设计	刘　民
版式设计	唐若冰

出版发行	大象出版社(郑州市郑东新区祥盛街 27 号　邮政编码 450016)
	发行科 0371-63863551　总编室 0371-65597936
网　　址	www.daxiang.cn
印　　刷	郑州新海岸电脑彩色制印有限公司
经　　销	各地新华书店经销
开　　本	640 mm×960 mm　1/16
印　　张	11.75
字　　数	121 千字
版　　次	2021 年 1 月第 1 版　2021 年 8 月第 2 次印刷
定　　价	30.00 元

若发现印、装质量问题,影响阅读,请与承印厂联系调换。
印厂地址　郑州市鼎尚街 15 号
邮政编码　450002　　　　　电话　0371-67358093

前言

一、为什么要开发中小学生命教育电影课？

中小学生命教育电影课程体系是根据新型冠状病毒肺炎疫情期间的特殊背景与不同年龄阶段孩子们的心理发展特点，结合现实生活和学习中面临的各种问题，运用优秀电影故事的力量引领孩子们道德和心理发展、提升生命境界和人格素养而精心设计的电影课程。

2020年年初全国新型冠状病毒肺炎疫情使我们大多数人居家隔离，在家里虽然可以上网课，但还是关不住孩子们的心。孩子们在家里进行网络学习，不仅要应对知识学习问题，还要面临学习习惯的养成及良好心态和情绪的调整等问题，优秀电影具有加强生命教育、爱国主义教育、社会责任感教育、生态文明教育等功能，可以帮助孩子们顺利战胜疫情期间的挑战。

影视素来与教育关系紧密。影视作为一种媒介，承载着丰富的内容，传递着价值观、世界观、人生观中的重大主题，具有非常强大的思想性和感染力。而经典电影传递的信息具有共通性，其经典之处在于时刻关注人类自身命运中的某些重大主题。看经典电影不仅能让孩子们与故事中的人物产生强烈的共情，而且能引导他们思考自身的处境和问题，进而积极调整自己的生活状态。优秀影视作品对于中小学生的理想信念和正确的世界观、价值观、人生观的形成具有重大教育意义。

疫情既是现实的灾难，又是对孩子进行教育的契机和素材，有助于增强孩子们的生命意识，提升他们的国家民族观、生态价值观及强烈的社会责任感，培养他们成为有担当、有理想、有信念的时代新人。

二、课程设计思路

1. 三学段九阶梯

从小学一年级到高中三年级，我们的课程体系在内容设计上规划为三个学段九个阶梯。小学学段包括小学低段、小学中段、小学高段，初中学段包括初中一年级、初中二年级、初中三年级，高中学段包括高中一年级、高中二年级、高中三年级。

每一学段的电影主题包括自我认同、家国情怀、社会责任、生态文明、家庭关系、家校共育六大板块。由于孩子们在成长的不同阶段具有不同的心理发展和身体发育特点，又遭遇不同的现实情况和问题，我们会提出不同阶梯的具体要求。

每个阶梯根据学生特点设计 6 部（部分 5 部）电影，每部电影针对一个典型问题，共 53 部电影，引导孩子生命成长。

2. 电影数目

每个阶梯我们精选 6 部（部分 5 部）电影，通过电影帮助孩子们面对问题，解决问题，获得成长的力量。

3. 电影选择

在电影选择方面，我们重点强调对学生进行爱国主义教育，培养他们的社会责任感，并积极宣传生态文明，让学生养成积极健康的心态和习惯。我们精选中宣部、教育部推荐的中国优秀儿童电影，加强中国传统文化教育，弘扬中华民族精神；又精选了世界电影宝库中的经典电影，引领孩子具有国际视野和人文情怀。

三、课程内容

1. 小学低段

小学一、二年级孩子们的特点是有"我要做个好孩子"的强烈愿望，比较听老师的话，但是他们在习惯养成方面还有欠缺，在自制力方面需要加强，在社会情感方面需要引导，所以我们精选了 6 部电影引导孩子们认识自我，学会独立，培养团队精神与合作意识，养成良好的习惯与正确的自然观，处理好与家长、老师的关系。

小学低段		
《悬崖上的金鱼姬》	主题：自我认同	选择理由：缓解焦虑
《101斑点狗》	主题：团队精神	选择理由：集体的力量
《小绳子》	主题：社会责任	选择理由：爱与责任
《龙猫》	主题：自然情怀	选择理由：爱的转移
《宝莲灯》	主题：亲子关系	选择理由：承担责任
《没头脑和不高兴》	主题：家校共育	选择理由：良好习惯

《悬崖上的金鱼姬》：疫情特殊时期，孩子们有恐惧也有焦虑，电影解决的是孩子们认识自我和心理焦虑的问题，让孩子们通过积极的心理想象走出内心的困境，获得内在的成长。电影也涉及生态环境保护等重大主题。

《101斑点狗》：疫情期间，虽然孩子们被困在家中，但是抗疫是集体行为和全民行动，需要具有强烈的集体主义精神。电影《101斑点狗》让孩子们懂得互助互爱，依靠集体和团队的力量获得成功的道理，有利于引导孩子们走出自我中心主义的误区。

《小绳子》：这是一部关于爱与责任的电影。疫情无情人有情，正因为我们每个人都献出了心中小爱才有了社会和国家的大爱。《小绳子》这部电影引导孩子们懂得怎样给别人提供合适有益的帮助，并在自我奉献的过程中获得良好的自我认同，明白生命的价值和意义。

《龙猫》：这部电影既有对生态环境的思考，更有对成长的关照与守护。电影中有优美的自然风光，有来自大自然的神奇动物龙猫，更有给予主人公小梅和小月各种关爱的邻居和亲人。

《宝莲灯》：这是一部孩子承担责任去救助父母的电影，电影充满了勇敢和力量。

《没头脑和不高兴》：这是一部关于如何督促孩子养成良好习惯的电影。

2. 小学中段

小学中段孩子们的特点是学习内容增多，难度加深，他们心理上要求独立的意识越来越强，开始学会独立思考问题。但是他们情绪还不稳定，心态也不成熟。疫情时期居家的孩子不仅容易与家长产生冲突，而且兄弟姐妹之间也容易爆发大大小小的"战争"。针对疫情时期居家学习的特殊情况，我们精选了 6 部电影，侧重于对孩子们进行情绪引导，指导他们正确处理各种家庭关系，培养他们独立思考的良好习惯和能力，并让孩子自觉爱护野生动物，爱国爱家爱自然，独立自主能承担。

小学中段		
《头脑特工队》	主题：自我认同	选择理由：控制情绪
《夺冠》	主题：家国情怀	选择理由：爱国情怀
《疯狂动物城》	主题：社会责任	选择理由：责任与承担
《熊猫回家路》	主题：自然情怀	选择理由：爱护自然
《宝贝老板》	主题：家庭关系	选择理由：兄弟姐妹
《宝葫芦的秘密》	主题：家校共育	选择理由：成功无捷径

《头脑特工队》：疫情期间，孩子们的情绪容易失控，为了引导孩子们学会控制情绪，我们推荐了《头脑特工队》。这部电影通过如何调控情绪的故事让孩子们懂得情绪控制的重要性，学会

控制情绪是人成长和成熟的表现。

《夺冠》：疫情是一场严峻的考验，考验的是中华民族的凝聚力和爱国情怀，考验的是中华儿女的责任与担当。电影《夺冠》正是这样一部凝聚爱国热情、强调责任和担当的作品。

《疯狂动物城》：这部电影以拟人的方式让我们学会如何接纳，如何尊重不同，如何具有责任和担当。

《熊猫回家路》：疫情对我们的警示之一就是正确处理人与自然、人与各物种之间的关系，特别是与野生动物之间相处的模式。护送熊猫回家，也是守护我们人与动物之间的界限。

《宝贝老板》：疫情期间如何处理家庭中的关系呢？电影让孩子学会相互接纳，学会相互帮助、相互成全，是一部关于家庭教育和社会思考的绝佳影片。

《宝葫芦的秘密》：疫情期间在家上网课的孩子，如何做到自律与自制？成功没有捷径，唯有努力与坚持。电影教给孩子们的道理会让他们受用终身。

3. 小学高段

小学高段学生的特点是思维力有极大的提升，思想道德也有良好的发展。这一阶段的电影课侧重于让他们形成良好的道德品质，培养他们的担当精神和责任意识，提供给他们战胜困难和挫折的勇气。我们精选的 6 部电影涉及培养良好道德品质、思考生命的价值与意义、敢于面对困难与承担责任等重大主题。

小学高段		
《木偶奇遇记》	主题：自我认同	选择理由：良好品质
《城南旧事》	主题：家国情怀	选择理由：北京往事
《夏洛的网》	主题：社会责任	选择理由：相互成就
《小飞象》	主题：自然情怀	选择理由：热爱自由
《狮子王》	主题：家庭关系	选择理由：承担责任
《草房子》	主题：家校共育	选择理由：战胜苦难

　　《木偶奇遇记》：疫情期间在家上网课的孩子在缺少监督的情况下更需要自我管理，自我监督，加强自律。电影《木偶奇遇记》中，我们看到逃学、与坏孩子混在一起、撒谎等有各种问题的皮诺曹，通过各种奇遇认识到自身的问题并加以改正。电影对孩子们加强自律、培养良好品格再合适不过了。

　　《城南旧事》：唤起了我们对老北京的热爱及爱国之情。长亭外，古道边，芳草碧连天，这是一种亘古不变的感情。

　　《夏洛的网》：电影中的夏洛用自己的生命挽救了小猪威尔伯，威尔伯又救助了夏洛的子孙后代。这既是生命的意义和价值，又是美好精神的传承。在武汉"战疫"期间，我们看到那么多逆行的英雄，那么多的人不顾自身安危投入到这场战役中，他们都是最美的夏洛。那么我们不妨问问孩子："你是谁的夏洛？"

　　《小飞象》：电影中的小飞象在大多数动物眼中是个怪物，但是在妈妈和爱它的人眼中就是一个奇迹。小飞象能创造的奇迹是爱，它对妈妈的爱以及人们对它的爱。爱是战胜这个世界上所有困难的强大力量——爱，送小飞象回家；爱，也送千千万万的你我回家。

《狮子王》：电影是一个关于迷失自我的故事，也是一个学会责任和担当的故事。电影告诉我们，在困难来临时，不能逃避，不仅要勇敢面对，而且要主动担当。疫情是困难，更是考验，每个孩子都像辛巴一样在考验中成长。

《草房子》：这是一部关于面对挫折如何获得成长的电影。电影中的几个孩子每个人都有无法回避的困境，但他们敢于面对并获得了成长。疫情时期，我们就像电影中的桑桑，就像电影中的陆鹤，也会像杜小康一样在挫折中成为最有出息的少年。

4. 初中一年级

升入初中，孩子的学习任务不仅加重，而且进入了青春叛逆期，所以他们面临的不仅是学习上的高标准严要求，更多的是来自内部的较量。对于初中一年级的孩子，我们应该在心理上加以引导，既要让孩子具有家国意识，勇担责任，又要让他们学会走出叛逆情绪，成为理性并具有人文情怀的人。

初中一年级		
《单车少年》	主题：自我认同	选择理由：叛逆情绪
《孔子》	主题：社会责任	选择理由：责任与担当
《千与千寻》	主题：自然情怀	选择理由：成长与关切
《伴你高飞》	主题：家庭关系	选择理由：陪伴与突破
《地球上的星星》	主题：家校共育	选择理由：问题与成长

《单车少年》：初中阶段的孩子是最难管理的，一方面他们自我意识和独立精神觉醒，另一方面家庭亲情的缺失会放大他们的

心理问题。疫情期间,有很多家庭因为孩子的各种问题遇到意想不到的考验。电影既引导家长、社会多给予孩子关心和关怀,又引导孩子坚强坚毅,走出叛逆困境。

《孔子》:电影中的孔子心怀天下,勇于承担国家责任,把个人生死置之度外。孔子的道德修养和良好操守给孩子们树立了人格榜样,孔子的爱国思想也是传承两千多年的中华传统思想的精华。越是国家处于危难之时,越需要强大的爱国情怀和责任担当精神。

《千与千寻》:电影有多重主题,重要的是寻找自我,给自己定位。电影还涉及环保和生态文明等重大主题。

《伴你高飞》:电影中一个失去母亲的孩子在心理上自我封闭,父亲的陪伴引导让孩子不仅走出自我,而且开始关心自然,关心社会。疫情期间,对孩子的正确引导不仅在于亲子之间的关照、朋友之间的温暖,更在于人文精神和人文情怀的培养。

《地球上的星星》:电影中的孩子自身有学习方面的困难和障碍,但是家长和孩子都不知道真正的问题是什么,造成了教育上的很多失误。电影引导我们去关注每一位处于困境中的孩子,给予他们想要的帮助。

5. 初中二年级

初二的孩子仍然面临学习、身体、心理等方面的考验,最容易放松,最容易出问题。所以这一阶段电影课程的主题侧重于心理上的正确引导,从思想上积极激励他们的责任与担当意识,通过电影让孩子们成长为具有正确理想信念和良好意志品质的少年。

初中二年级		
《哪吒之魔童降世》	主题：自我认同	选择理由：积极的心理品质
《我的1919》	主题：家国情怀	选择理由：个人选择与国家命运
《一个都不能少》	主题：社会责任	选择理由：关爱他人与坚守底线
《大鱼海棠》	主题：自然情怀	选择理由：人与自然的关系
《狗十三》	主题：家庭关系	选择理由：沟通与成长
《银河补习班》	主题：家校共育	选择理由：认可与鼓励

《哪吒之魔童降世》：这是一部关于自我定位与寻找自我的电影。电影中哪吒的命运是早已注定的，他是魔丸转世，必定为世人所不容。一出生就带有悲剧色彩的哪吒不认命并努力与命运相抗争，从而重新获得身份认同，并把命运的自主权握在自己手中。电影对孩子们具有积极的引领作用，每个人身上的很多标签不能选择，但是人生的道路和发展方向是可以自己决定的。

《我的1919》：这是一部关于个人命运与国家命运紧紧绑在一起的励志电影。当时中国驻美国公使、签订《巴黎和约》的全权代表顾维钧作为第一主人公，拒绝在出卖中国领土和主权的《巴黎和约》上签字，表现了中华民族的尊严，讴歌了中国人民以弱抗强、威武不屈的精神。国家在危难时刻，只有维护国家的尊严，才会赢得个人的尊严。

《一个都不能少》：电影中13岁的女孩子成了28个孩子的代课教师，虽然她只会唱一首歌，也不懂得如何表达，但她坚守的底线是一个都不能少。每个时代、每个特殊时期都会有一群人坚守最简单的法则，正是这种坚守成就了伟大的人生。诚如那些奋战在抗疫前线的医护人员，他们不计得失，不顾生死，勇赴危难，才让我们有了拥抱春天的机会。

《大鱼海棠》：电影既有对神话故事的重新演绎与表达，又有每个人在寻找自我的过程中对他人、对社会、对世界的重新定义和认知，更有对成长的守护。电影中的神灵是天地自然的代表，守护天地的规则就是守护人与自然的和谐。

《狗十三》：电影有成长的疼痛，家庭教育的缺失。面对叛逆的女儿，父亲有手足无措的慌乱，也有错误的做法。电影讲述了成长的代价，也给父母和孩子上了深刻的一堂课。孩子如何与父母有效地沟通而不是只关注自身？父母如何给孩子提供真正有意义的帮助？电影为父母和孩子提供了良好的启示。

《银河补习班》：电影中的小主人公虽然小时候被老师认为不是很聪明，但是父亲懂他。父亲为了给孩子树立良好的榜样，把个人的遭遇和不幸埋入心底，坚定地陪伴儿子成长。这种陪伴不是物质的满足，而是给予孩子精神上的支持，对孩子自由抉择的人生目标加以推动。

6. 初中三年级

初三的孩子一方面面临升入高中的学业压力，另一方面疫情又给他们带来巨大的心理压力，所以这一阶段我们应侧重于对他们进行心理疏导，加强励志教育，引导孩子正确处理人与自然、人与人的关系，让他们理解父母的艰辛，懂得承担家国的责任。我们精选了6部电影，通过电影引领生命的成长。

初中三年级		
《叫我第一名》	主题：自我认同	选择理由：点亮人生
《冲出亚马逊》	主题：家国情怀	选择理由：爱国主义
《烈火英雄》	主题：社会责任	选择理由：责任与担当
《虎兄虎弟》	主题：自然情怀	选择理由：思考与转折
《寻梦环游记》	主题：家庭关系	选择理由：理解与支持
《跳出我天地》	主题：家校共育	选择理由：追逐与守护

《叫我第一名》：这是一部引导孩子走出人生困境的电影。电影主人公有生理缺陷，但是他坚持理想，勇敢面对，不惧挫折。电影给孩子们的人生启示是：不要让任何困难挡住你追求梦想的脚步。

《冲出亚马逊》：电影具有中国特色，展现了强烈的爱国情怀和为国争光的强大信念。电影也具有世界视野，电影的拍摄走出了中国，演员跨越了人种和肤色，故事在宏大的背景下展示了中国军人的责任和担当，对孩子们具有极好的教育意义。

《烈火英雄》：每一个职业都有每一个职业的责任和担当。电影《烈火英雄》中的消防官兵在危急时刻置生死于度外，把责任和使命扛在肩上，成为危险时刻的逆行者。正是他们的勇敢和无畏才换来我们和平和宁静的生活，电影让孩子们深刻感受到责任与担当的意义所在。

《虎兄虎弟》：电影中两只小老虎的命运也象征着我们对大自然态度的转变，由疯狂掠夺到反思与和解。但是这条路十分艰辛和漫长，需要一代又一代的人去努力。电影中关于动物与大自然、友谊与家庭、人类与野生动物之间的关系对孩子极具启发意义。

《寻梦环游记》：电影具有浓郁的墨西哥风情，电影中小男孩寻梦的故事会发生在每一个孩子身上，所以电影会引起孩子们强烈的情感共鸣。电影中的一家人在对待孩子追梦的问题上，有误解，有阻挠，但最终还是给予了认可与成全，这对于大多数家庭中的亲子关系具有重要的启示作用。

《跳出我天地》：电影中家人对于主人公比利追求异于常人的梦想给予了极大的支持。为了儿子能够顺利进入皇家舞蹈学院学习，父亲选择放弃罢工，开工挣钱，做一个曾经让自己都鄙夷的工会叛徒。舞台上的《天鹅湖》就要奏响，另一幕中传送机正将父亲和哥哥送下矿井。家人的努力，给予青云直上的小比利强大的亲情支持，让他梦想成真。电影启示孩子们，越是在困难和危机时刻，越能彰显出血浓于水的亲情力量。

7. 高中一年级

高一的前半年，孩子们有一个学习方式的转变和爬坡，他们面临着要适应高中生活的考验。高一后半年面临的文理分科的选择，可以说是比较重大的选择。所以这一阶段的电影我们既注重心理的引导，又注意他们职业选择和人生规划的引导，同时要关注校园安全和社会责任，培养孩子的国际视野与人文情怀。我们精选了6部电影，通过电影解决他们面临的各种问题，引领他们成长。

高中一年级		
《少年的你》	主题：自我认同	选择理由：校园欺凌
《横空出世》	主题：家国情怀	选择理由：科技强国
《阿甘正传》	主题：社会责任	选择理由：全心全意
《阿凡达》	主题：自然情怀	选择理由：人文精神
《钢的琴》	主题：家庭关系	选择理由：理解亲情
《汪洋中的一条船》	主题：家校共育	选择理由：共渡难关

《少年的你》：电影真实呈现了一部分孩子的现实处境，呈现了学校的另一类生活状态。学生之间有欺凌，也有欺凌之下的反抗与救赎。由于他们都是孩子，法律意识模糊，生命观念淡薄，可能做出超越常人想象的行为。但每个孩子的成长都需要我们去呵护，那些受到校园欺凌的孩子也需要在心理疗愈后给自己一个全新的积极的人生定位。电影中的小北说：你保护世界，我保护你！这不仅是青春的伤痛，更是伤痛过后的坚强与豁达。

《横空出世》：这是一部弘扬爱国主义主旋律的电影，呈现了艰苦岁月中中国人的不屈精神，表达了中国知识分子浓烈的爱国情感。电影中的科技强国的理念在今天更具有现实意义。在疫情期间，正是我们每个人以身作则，正是每个人把个人命运与国家命运结合起来，才有了我们抗疫斗争的胜利，并获得很多国家的认同和称赞。

《阿甘正传》：电影中的阿甘虽然智商不如别人，身体也不如别人，一直被别人欺负和拒绝，但是他背靠深渊却长成了太阳般的人物。阿甘是一个简单又纯粹的人，是一个执着而坚守的人，是一个甘于承担责任并能付出行动的人。

《阿凡达》：电影中涉及的主题众多，但是导演卡梅隆把对自然、万物的爱融入这部电影里。电影不仅是让我们思考未来，也是展现现在的生态文明观与生态伦理观。

《钢的琴》：电影中的这架钢琴凝聚的不仅是父爱，更有父亲对女儿成长的期盼。父亲虽然物质上不富有，但是有足够供女儿健康成长的爱和精神力量。

《汪洋中的一条船》：电影中的主人公郑丰喜因为双脚残疾，饱受歧视，但他有爷爷的爱，有社会的关注，他战胜身体上的残缺以及心灵上的自卑，以积极阳光的心态向生活挑战。电影带给家长的思考是多方面的，带给孩子们的也是正能量。

8. 高中二年级

高中二年级是学生人生中一个重大的爬坡期，也是他们的青春期，有可能会出现谈恋爱、打架、盲目追星等各种问题。所以，这一时期电影课程的主题侧重于心理上疏导、行动上规范、规则上加强、理想信念上鼓励、人际关系上拓展等，我们精选了6部电影，通过电影引领他们成长。

高中二年级		
《心灵捕手》	主题：自我认同	选择理由：心灵解放
《战狼Ⅱ》	主题：家国情怀	选择理由：爱国情怀
《十月的天空》	主题：社会责任	选择理由：社会理想
《卡特教练》	主题：人生规划	选择理由：飞得更高
《逆光飞翔》	主题：家庭关系	选择理由：人间温暖
《老师·好》	主题：家校共育	选择理由：相互理解

《心灵捕手》：这是一部关于心理治愈的电影。电影中的主人公威尔因为在童年时受过心理创伤，长大后在内心封闭自己。电影中的老师肖恩用理解、接纳、宽容打开了威尔的心，让威尔获得了心灵解放，解锁了威尔的人生。对于在疫情中受过伤害的人们来说，更重要的是重建生活的信念和人生的信心。

《战狼Ⅱ》：电影充满了爱国主义情感，不仅让我们感受到祖国的强大和力量，也让每一位中华儿女获得了强烈的安全感和责任感。不论在何时、何地，身为中国人，每个人都要用实际行动为祖国增光添彩。

《十月的天空》：电影中中学生侯默把个人理想与国家命运联系在一起，这对孩子们来说就是最好的责任感教育。世界第一颗人造卫星由苏联成功发射升空，中学生侯默观看天上那个象征科技未来的奇异光束后开始了他的火箭梦和逐梦行动，十月的天空飘荡着少年梦、国家梦。

《卡特教练》：电影中的卡特教练不仅是铁血教练，更是一股强大的人生推动力。他的影响和推动改变了许多孩子的一生。电影启示成长中的孩子，敢于追逐梦想、敢于挑战不可能才会实现各种可能。我们每个人身边不一定会有卡特教练来引领我们，但是我们可以像卡特教练那样去思考、规划自己的人生。

《逆光飞翔》：电影告诉孩子们永远不要低估自己，闭上眼睛，跟随梦想的声音，你就可以成为下一个传奇。但是逆光飞翔时不仅需要来自内心的坚定，更需要来自父母朋友的温暖陪伴。

《老师·好》：这是一部少有的真实呈现高中师生关系的电影。电影以强烈的冲突和张力呈现了师生关系在高中三年发生的变化，这种变化不仅改变了老师的命运，也改变了每一位学生的命运。所以，师生之间要相互理解、相互成全。

9. 高中三年级

高中三年级的孩子既面临学习和考试的巨大压力，又面临职业的选择与困惑。在疫情蔓延的特殊时期，他们面临的压力更大，所以这一时期的电影我们不仅要加强对他们的心理疏导，更要注重他们人文精神的形成、国际视野的拓展，以及家国观念的深化和人生规划的引导。我们通过电影不但要引导他们学会独立理性地思考问题，还要引导他们积极勇敢地面对未来，懂得职业操守和社会责任。

高中三年级		
《攀登者》	主题：家国情怀	选择理由：爱国主义
《中国机长》	主题：社会责任	选择理由：职业与责任
《流浪地球》	主题：自然情怀	选择理由：生态文明观
《摔跤吧！爸爸》	主题：家庭关系	选择理由：亲子关系
《四个春天》	主题：家校共育	选择理由：爱与责任
《流感》	主题：社会关注	选择理由：疫情电影

《攀登者》：电影中流淌着强烈的爱国主义情怀。电影里的主人公不怕牺牲，他们一次又一次地和死神擦肩而过，为了中国的荣誉，他们奋不顾身。对于大多数人来说，《攀登者》给了我们答案："也许我们一辈子爬不上珠峰，但心中要有一座山，这座山不一定那么高，但一定要有这么一个目标。"

《中国机长》：电影是根据"川航3U8633备降成都"的真实事件改编而成的，刘长健机长和8名机组人员呈现了在特殊岗位上的勇敢与坚守。正是他们过硬的职业素养和大无畏的牺牲精神，才保障了乘客的安全。电影让孩子们深刻地理解了每一种职业都有它的责任和意义，都需要勇敢和担当。

《流浪地球》：这是一部属于中国人的科幻电影，电影涉及未来时空中大场景的灾难救援，所以电影主题和立意已经超越某一国家、某一民族的局限，放在了世界背景之下去思考国际救援——星际救援。这是一种大胆而深刻的尝试，电影带来的震撼和思考是：如果我们不珍惜地球，不珍惜环境，不珍惜人与自然的关系，那么未来何处去流浪？

《摔跤吧！爸爸》：电影中的父亲是一个伟大的父亲。在对女儿的教育问题上虽然有大男子主义倾向，有些专制和粗暴，但更有内心的热爱和对女儿未来发展的规划。女儿们的成功，是父亲教育的成功，也是父亲信念的成功。电影中也有父女间的冲突与较量，有陪伴与期许，有患难与共的成长。电影给父母和孩子们提供了思考和借鉴。

《四个春天》：电影中的故事跨越了四个春天，流淌的是连绵不断的生活温情。电影中许多生活场景让人泪目，虽然有失去，但创造了更多希望。电影让孩子们从平凡处理解生活，理解家庭，理解父母，理解爱与责任。

《流感》：这部电影是一定要推荐的。电影呈现了韩国一场传染性猪流感的暴发，疫情不仅考验了人性，考验了一个国家的医疗水平，考验了政府的组织与协调能力，更考验了国际社会对公共危机的处理与干预。结合 2020 年年初我国暴发的这场新冠肺炎疫情，电影带给我们多方面的比照与思考。但中国的疫情与韩国的流感不同之处在于，我们国家具有强大的组织协调能力，一方有难八方支援的社会担当，更具有不计报酬、不计生死的责任与情怀。

目 录

阶梯电影一 … 001

与其逃避，不如面对 ——《悬崖上的金鱼姬》 … 003

协同作战，守望相助 ——《101斑点狗》 … 011

假如我能使一颗心免于忧伤 ——《小绳子》 … 018

龙猫出现，温暖陪伴 ——《龙猫》 … 028

精诚所至，金石为开 ——《宝莲灯》 … 038

养成良好习惯，做最好的自己 ——《没头脑和不高兴》 … 046

阶梯电影二 … 055

调控情绪，成就自我 ——《头脑特工队》 … 057

有一种精神叫中国女排 ——《夺冠》 … 067

永不放弃，尝试一切 ——《疯狂动物城》 … 074

回家路漫漫，真爱相陪伴 ——《熊猫回家路》 … 085

目录　001

在有限的家庭中创造无限的爱——《宝贝老板》　　092

宝贝非宝，努力才行——《宝葫芦的秘密》　　102

阶梯电影三　　109

良心指引成长路——《木偶奇遇记》　　111

北京往事，故土情怀——《城南旧事》　　122

珍惜友谊，珍爱生命——《夏洛的网》　　129

丢掉羽毛，拥抱"飞"凡——《小飞象》　　137

敢于面对，勇于担当——《狮子王》　　143

水乡风情画，拳拳少儿心——《草房子》　　153

后　记　　161

阶梯电影一

小学一、二年级孩子们的特点是有着"我要做个好孩子"的强烈愿望，比较听老师的话，但是他们在习惯养成方面还比较欠缺，在自制力方面需要加强，在社会情感方面需要引导，所以我们精选了6部电影引导孩子们认识自我，学会独立，培养团队精神与合作意识，养成良好的习惯与正确的人生观，处理好与家长、老师的关系。

与其逃避，不如面对
——《悬崖上的金鱼姬》

河南省济源第一中学　王晓琳

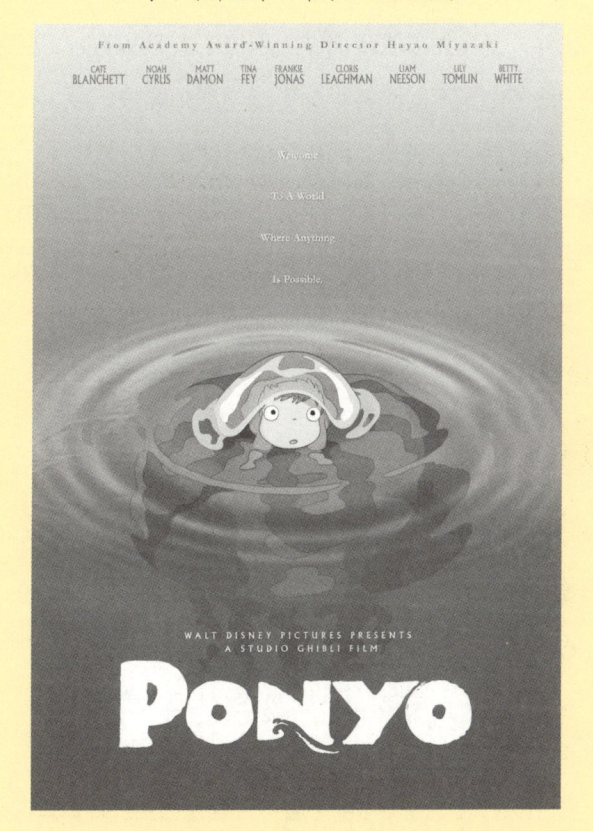

电影信息

导演：宫崎骏
类型：动画 / 奇幻 / 冒险
制片国家 / 地区：日本
上映时间：2008 年

荐影理由

疫情让很多人不能出门：老人不能遛弯儿，父母不能上班，学生不能开学。被困在家里的同时，很多人都明白了：我们这样做是在战斗，是在为战胜疫情做出积极的贡献和努力。但是，小学低段的孩子由于年龄比较小，更渴望到外面去玩耍，长期被困在家中，更容易产生焦虑，而孩子的情绪又是外放的，所以我们看到网上哭着要求出去玩的孩子渴求的眼神会很无奈。电影具有心理疗愈作用，解决的问题是如何让孩子在特殊情况下克服心理焦虑，引导他们通过积极的心理想象走出心理困境，成为积极阳光、自信勇敢的人。

观影准备

1. 知识准备

"山川异域，风月同天"是日本援助我国物资外包装上引用的一句话。它告诉我们在这个特殊时期，我们虽不在同一个地方，未享同一片山川，但当我们抬头时，看到的是同一轮明月。

你喜欢日本著名导演宫崎骏先生的哪些电影呢？

《千与千寻》《天空之城》《幽灵公主》《风之谷》《龙猫》《侧耳倾听》《起风了》《哈尔的移动城堡》《悬崖上的金鱼姬》等这些都是关注儿童、关注生态环境的电影，具有治愈的温暖力量。

2. 活动准备

家庭亲子小游戏：你来比画我来猜。

活动目的：加强亲子之间的交流与沟通。

电影精读

主人公是谁？

你认为电影的主人公是谁？

不同的孩子有不同的回答。有的孩子说：电影的主人公是宗介，因为电影主要呈现小男孩宗介的成长过程。有的孩子认为：主人公是波妞，因为波妞在电影中也是成长变化着的。

那么，谁才是真正的主人公呢？

一般来说，变化成长最大的人才是故事的主人公。与波妞相比，宗介的变化更为直接和明显，所以宗介是电影的主人公。

宗介遇到了什么问题？

电影一开始他和妈妈住在海边，周围没有邻居，意味着他没有玩伴，是比较孤单的。宗介的爸爸去哪里了？

宗介的爸爸是个海员，因为工作长期漂泊在海上。所以宗介和妈妈生活在一起，他对妈妈更为依恋，从心底里产生了恋母情结。

但是宗介5岁了，需要去幼儿园了，去幼儿园意味着不得不与妈妈分开，独自面对一个未知的新环境。宗介因为恐惧和焦虑以及对母亲过度依赖而不愿意和妈妈分开，在学校里不知道如何与小朋友相处，也不愿意和小朋友一起玩。

这就是宗介面临的困境。第一是必须离开妈妈进入学校，第二是没有父亲的引导，第三是宗介对母亲的心理依赖。

是的，宗介遇到了心理困境，他内在的情绪马上就要爆发了，于是波妞来了。而波妞的到来引来了巨大的海啸。

宗介如何解决问题？

宗介遇到麻烦最需要帮助的时候，妈妈是怎样帮他解决问题的呢？

在大雨之夜，妈妈必须离开宗介，到向日葵之家去照顾老奶奶。宗介很可怜，暴风雨之夜妈妈还要留他一个人在家。

妈妈为什么要这样做呢？

原因之一：在孩子焦虑时要转移孩子的注意力，不要让他一味沉浸在自己的情绪中。

原因之二：宗介必须学会独立，必须学会独立处理遇到的问题。妈妈的离开使宗介不得不自己去面对和解决问题。

原因之三：学会关心别人，在关心别人的过程中不仅转移了注意力，也发现了自己的价值，并提高了自信心和自我控制能力。

除了妈妈和奶奶的帮助，宗介自己也付出了极大的努力。他的努力就是学会了积极的心理想象，想象一个心理伙伴的到来，陪伴他、安慰他、鼓励他。

这个小伙伴是谁呢？就是波妞。

波妞和宗介是什么关系？

波妞来自哪里？

波妞来自大海深处，是一个想逃离父亲控制的孩子。宗介在海边捡到了波妞，为了把她从玻璃瓶中放出来，还划伤了自己的手。波妞舔了宗介的血之后发生了两个神奇的改变。

哪两个神奇的改变呢？

一是宗介的伤口不治而愈，说明波妞对宗介有着治疗作用，波妞就是宗介自身的一部分。

二是波妞一旦舔了宗介的血就变成了人鱼，说明她与宗介有着不可分割的关系。

那么，他们到底是什么关系呢？

是好朋友，是恋人，还是宗介内心想象出来的一个好伙伴呢？

深深的海洋代表着宗介内心的潜意识，波妞的父亲就是看守潜意识的守门员。波妞住在宗介的潜意识深处，说明波妞是原始情绪的一部分，波妞的到来说明宗介内在的情绪要爆发了。

波妞一直陪着宗介共同面对困难与考验，直到宗介成长为一个能够控制自己情绪、学会关心他人、独立解决问题的小男孩。

电影用童话故事的方式给我们讲述了不能控制情绪会给人间带来巨大的风暴与海啸，意味着个人冲动会给别人带来伤害。通过电影我们知道，人在一定阶段一定要学会离开父母，学会独立去处理各种各样的问题，学会控制自己的情绪，从而成长为一个积极健康阳光的人。

宗介由一个不愿意离开妈妈、胆小不知如何与别人交往、不愿意接受学校和社会规则的小男孩，终于变成了一个能够控制自己情绪，能够帮助别人，独立、勇敢的男子汉。

电影沙龙

设计目的：一方面通过亲子之间、师生之间共同讨论电影，了解孩子的想法，知道他们内心深处的不安与焦虑；另一方面通过电影引导孩子学会解决问题，学会独立。

问题讨论一：电影中的小男孩宗介有多大？这个阶段的孩子有什么特点？

【提示】宗介5岁，5岁是一个关键的年龄阶段。我们知道，婴幼儿时期母亲的作用非常重要，母亲意味着安全，代表儿童生活的全部。但是5岁左右，儿童必须学会离开家庭，离开母亲，进入学校和社会。而对社会规则的引导，父亲应起关键作用，父亲意味着规则和纪律，父亲的教育有利于引导儿童更好地进入社会。但是电影中宗介的父亲不在身边，意味着没有父亲的引导，所以宗介必须经受一次内心的裂变，实现真正的成长。

五六岁孩子的父亲必须在孩子的成长中担任重要的角色，引导他们了解外面的世界，了解并遵循外面的规则，在外面遇到问题要像父亲一样学会独立面对并解决。

问题讨论二：在海啸之夜，妈妈告诉宗介，要保持灯塔上的灯亮着，给海上航行的人指明方向，这意味着什么？

【提示】当孩子产生焦虑时，父母不要聚焦在孩子的问题上，这样会无限放大孩子内心的不安与恐惧，而要转移孩子的注意力，不要让孩子一味沉浸在自己的情绪中。

大雨之夜，妈妈必须离开宗介，到向日葵之家去照顾老奶奶，妈妈以身示范，教育宗介不能只想着自己，要学会关心别人，学会关注外界的事物会更有意义和价值。

妈妈说保持灯塔上的灯亮着，给海上航行的人指明方向，就是让宗介心中装着别人，关心大海上航行的人们。在这一过程中，宗介学会了独立，像妈妈一样成为一个勇敢而独立的人。

问题讨论三：电影的最后波妞给了宗介一个吻有什么寓意？

【提示】小学阶段的孩子认为波妞是宗介的好朋友，当宗介遇到困难时波妞一直陪在他的身边，甚至波妞还具有神奇的魔法，帮助宗介解决遇到的各种问题。谁不愿意有波妞这样一个好朋友呢？

这其实是一种心理安慰，波妞给了宗介勇气，波妞给宗介的一吻是对宗介独立成长的奖赏，其实是来自内心的骄傲与自豪，是来自内心深处对自己的喜欢与自信。

故事的主人公是宗介，波妞是宗介在幻想世界里心理投射的表现，是为了解决他在现实生活中的心理困境或焦虑而想象出来的"超自然"的另一个自己。在这里，波妞是宗介潜意识里遵循快乐原则行事的生物性的"本我"，宗介把波妞送到大海，送进潜意识，并接受了波妞的存在，让波妞成为自身的一部分。

综合探究

1. 回答问题

（1）宗介为什么在幼儿园交不到好朋友？

（2）如何看待波妞在海里掀起的波涛？

（3）波妞的爸爸为什么要把她关起来？

(4)波妞和宗介穿过黑暗的隧道时,波妞的魔法为什么消失了?

(5)如何看待海洋女神给宗介准备的庆典?

2.如果你有奇妙的答案和想法,请在下方留言并说出答案来,我们比一比谁最厉害。

协同作战，守望相助
——《101斑点狗》

河南省济源市五龙口镇第二初级中学　　马艳伟

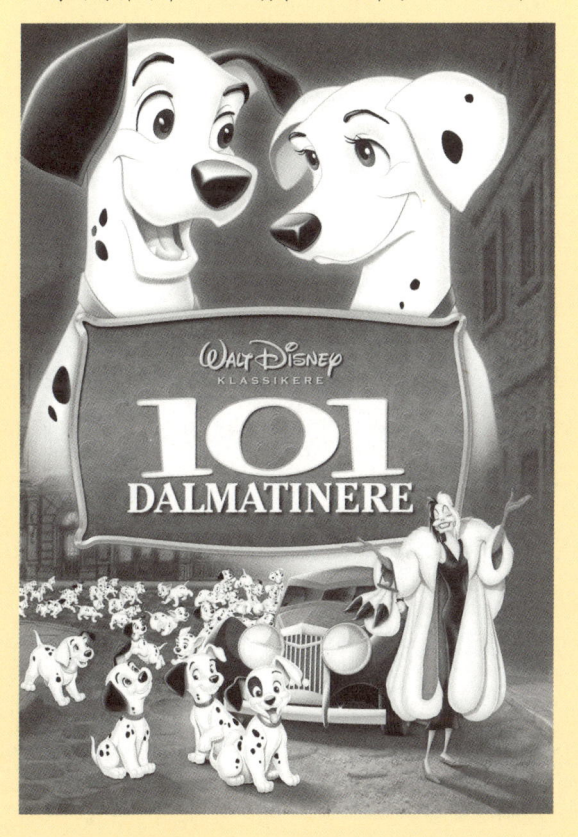

电影信息

导演：克莱德·吉诺尼米

类型：喜剧/动画/冒险

制片国家/地区：美国

上映时间：1961年

荐影理由

在疫情期间，我们大多数同学被困在家中，不能出去玩，不能去找小伙伴，生活单调乏味、缺少色彩。这部动画片中不仅有可爱、调皮、萌化人心的小斑点狗们，还有勇敢、富有担当的好父亲、好母亲；既有父亲和母亲找回孩子同坏人搏斗的惊险刺激，又兼具欢声笑语、浓浓温情，是孩子喜欢看且能在无形中获得正能量的绝佳影片。

观影准备

让学生自己查询有关大麦町犬的资料，并在课堂上展示。

了解故事主角可以激起孩子对主角的喜爱之情，同时加深对影片的理解。

大麦町犬（也叫斑点狗），原产地南斯拉夫。它性格平静而警惕，身体强健，肌肉发达，轮廓匀称，活泼且毫不羞怯，聪明伶俐，听话易驯，感觉敏锐，警戒心强，容易与小孩相处。大麦町犬具有极大的耐力，而且后躯有力，拥有平滑且清晰的肌肉，奔跑速度相当快。大麦町犬因为拥有出色的奔跑与撕咬能力，所以也经常被用作比赛犬。大麦町犬出生时是白色的，斑点能改变，小时身上出现轻微的斑点，逐渐长大后，斑点也变得明显并成为特有的标志。

电影精读

影片刚开始以幽默和谐的画风和语言向人们展示了主人和狗

之间浓浓的情谊。主人罗格和阿尼塔因为庞哥结缘，而庞哥的撮合不仅成就了主人的姻缘，也成就了自己的姻缘。在庞哥的妻子帕蒂塔诞下 15 只小狗后，一家人沉浸在幸福而又温暖的氛围。然而这一切却被阿尼塔的女上司库依拉所打破，她为了一己私欲派人绑架了庞哥的 15 只小狗和其他的 84 只小狗，为的是给自己做一件黑白大衣。在主人报警未果的情况下，庞哥发动同伴，从城市到乡村，历经千辛万苦，最终一家团圆。

库依拉

作为矛盾起源的库依拉，一出场便吸引了人的眼球：开着豪车，身披大红色皮草，衣着时髦。最吸引人的是她一半黑一半白的头发，似乎一出场便宣告了她的反派身份。为了一件黑白大衣，她竟然残忍地想要杀害 99 只小斑点狗。影片后半段，庞哥带领孩子逃跑后，库依拉追着货车在山路上奔驰，货车好几次都险些掉下悬崖的画面将疯狂、恶毒、不达目的誓不罢休的恶女形象刻画得淋漓尽致。

教育启示

影片的反派人物库依拉的行为给人以警醒。从教育方面而言，我们应当教育孩子不要像库依拉那样，而应当热爱大自然，保护动物，尊重每一个生命；同时告诉孩子们，心灵美才是一个人最重要的品质，要做一个正直善良、爱护生命的好孩子。

团结

作为推动故事发展的过渡桥段，庞哥发动伙伴传话扩散找小狗的片段将整个故事推向了高潮。幸运的是，每当庞哥营救小狗遇到困难时，都会出现救星——大个子丹、上校、中士、上尉、奶牛大婶们。一路上在众多小伙伴们不计报酬的积极配合下，庞哥最终营救出了小狗，并实现了一家团圆的美好愿望。这一桥段充分展示了狗狗们之间的团结，而在此次疫情期间，我们中国人民也展示了强大的团结精神。

教育启示

我们在生活中难免会遇到困难，遇到困难我们能否克服，或者克服困难的难易程度很大程度上取决于他人的帮助。所以，我们应当教育孩子要互相团结，拥有助人为乐的好品质，这样才能在人生路上走得顺畅，走得快乐。

庞哥和帕蒂塔

导演很好地刻画了爱护子女、富有担当、不畏艰险、勇于克服困难的父亲和母亲形象。不管是遇到金钱的诱惑，主人报警未果，还是寻找小狗途中遇到风雪严寒、大水阻路，它们都没有放弃孩子们。影片细致地刻画了伟大的父亲和母亲的形象，令人尊敬的同时也值得我们反思：父母是这个世界上最爱我们的人，我们要爱我们的爸爸妈妈。

教育启示

在此次疫情期间,因为病情或者是由于工作关系,很多孩子都和爸爸妈妈分开了,亲情问题也成了人们格外关注的问题。这部影片很好地让人们感受到父爱和母爱的伟大,教育孩子们要关爱父母,珍惜和父母相处的时光。

电影沙龙

电影中有个片段,当庞哥和帕蒂塔找到孩子后为了尽快地逃离库依拉及其同伙的追捕,它们带着孩子们在天气极度糟糕的情况下穿越了大草原,跑了很远的路。当大家都跑不动并有一只小狗想放弃时,庞哥仍坚持回去将它叼了回来。

问题讨论一:当庞哥和帕蒂塔带领孩子们艰难往回逃的时候,你有哪些感想?

学生角度:那只小狗还那么小,能坚持跑那么远,已经很不容易了。我们不能过多指责它,当我们遇到这种情况时应该努力坚持,不给爸爸妈妈添麻烦。

家长角度:庞哥和帕蒂塔跋山涉水寻找小狗并带领小狗艰难往回逃的过程,体现了庞哥和帕蒂塔对小狗们深深的爱,体现了父爱和母爱的伟大,作为家长我们应该向它们学习。

老师角度:庞哥和帕蒂塔在遇到困难时仍坚持向前,教育我们应当不怕困难,勇于吃苦,尽自己最大的力量来保护自己所爱的人。

问题分析：不同的人，不同的角色，看到的东西也就不一样。但不管怎么样，在我们人生当中，我们会经历一些不同的角色。我们曾经是孩子，也会成为父母。当我们为人子女时，我们应该尽自己最大的努力做好该做的事情，不给父母添麻烦，好好珍惜和父母相处的时光，爱自己的爸爸妈妈；当我们为人父母时，我们应该尽自己最大的努力保护好自己的子女，爱我们的孩子，因为孩子是上天赐予我们最好的礼物；当我们为人师时，我们应当时时刻刻以身作则给孩子树立良好的榜样，教给孩子做人的道理，教育孩子摆正心态。人生路上会有许多艰难险阻，但只要我们坚持不放弃，最终一定能战胜困难，就像此次疫情中涌现出的很多英雄一样，勇敢地直面困难，并战胜困难。

问题讨论二：整部影片看完之后，你对哪个角色印象最深？或者说，你最喜欢哪个角色？为什么？

学生角度：我最喜欢庞哥，因为庞哥是一个伟大的父亲，它特别爱它的孩子们，愿意为它们克服各种困难。它是我心中的大英雄。

家长角度：我喜欢那些可爱的小斑点狗们，它们都很乖，很听话，长得特别萌。

老师角度：我最喜欢庞哥，对于主人而言，庞哥绝对忠诚，是个能为主人分忧的好伙伴；对于帕蒂塔而言，庞哥是个有责任、有担当的好丈夫；对于小狗们而言，庞哥是个能为它们抵挡一切黑暗势力的大英雄。不管哪个角色它都做得很好，值得我们学习。

问题分析：不管喜欢哪个角色，它们身上一定有吸引我们学习的地方。比如庞哥：它是个好伙伴、好丈夫、好父亲，尤其在营救小狗途中，它表现出的勇敢和担当，很温暖人心。我们要将这些记在心里，教育孩子将来要做这样的人，不畏困难，勇敢向前，做自己的大英雄。

综合探究

1. 回答问题

（1）如果庞哥和帕蒂塔在营救小狗的过程中牺牲了，后面会发生什么？

（2）在庞哥和帕蒂塔想营救小狗时，如果大家都不关心不帮忙的话，庞哥还能救出小狗吗？

（3）为什么大家都不喜欢库依拉？

2. 如果你有其他的答案和想法，请在下方留言讲出答案，我们来比较一下谁是最爱动脑筋的孩子。

假如我能使一颗心免于忧伤
——《小绳子》

安徽省合肥市肥东县店埠学区中心分校小学　　黄莺

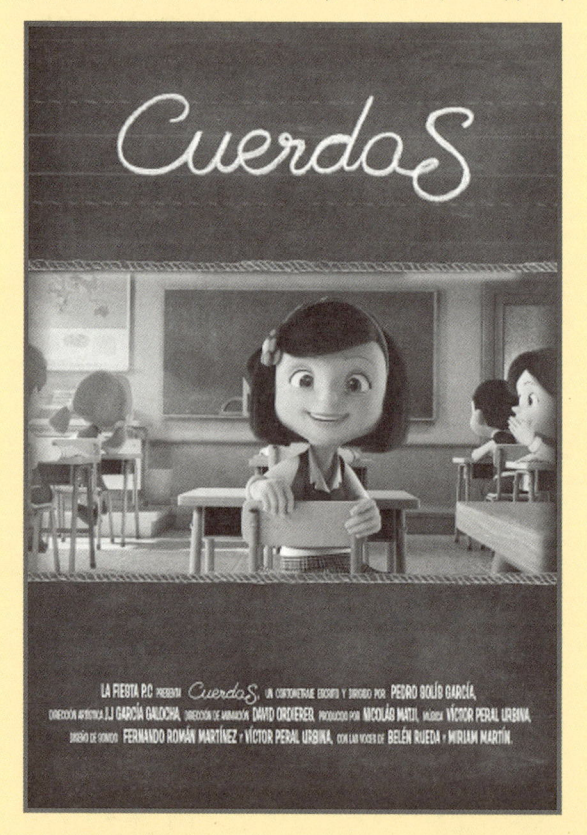

电影信息

导演：佩德罗·索利斯·加西亚

类型：剧情 / 动画 / 短片

制片国家 / 地区：西班牙

上映时间：2014 年

荐影理由

在2020年的春天,我们和孩子们经历了一场前所未有的疫情。在这段时间里,我们比任何时候都更加深刻地明白:人类的生存和发展最需要的是爱,是大爱——人与人之间的爱,人与动物之间的爱,人与自然之间的爱。同样,我们也比任何时候都惊惧地发现我们是多么缺少爱。

因此,我们推荐西班牙的经典动画短片《小绳子》,让抗疫期间居家学习的孩子与居家隔离的家长一起观看,一起感受,一起沐浴爱的暖流。

《小绳子》前后获奖300多次,2016年破吉尼斯纪录,成为世界上获奖最多的动画片。

观影准备

1. 明白剧中人物的故事,认识玛莉亚和尼克。
2. 体会玛莉亚所做的一切对于尼克的重要性。
3. 引发思考:人如何与外界相处?是终其一生地索取,还是努力付出自己的爱?
4. 通过玛莉亚所做的事情理解真正的帮助是急人所需,借助活动学习根据别人的需要去帮助别人。

电影精读

《小绳子》讲述孤儿院来了一个脑瘫儿尼克的故事。尼克没有行动能力,也不会说话,只能坐在轮椅上。虽然老师要求孩子们帮助尼克,但孩子们都不愿意接近他,不愿意跟他做朋友。只有一个名叫玛莉亚的小女孩,非常善良非常纯真,不但愿意和他做朋友,还极具创造性地使用绳子来帮助尼克做康复训练。玛莉亚借助绳子带着尼克一起做游戏,一起阅读,带着他体验儿童世界里各种有趣的事情。在尼克病情加重只能在屋里待着的时候,玛莉亚依然想到一个可以带着尼克一起玩的好主意:抱着他带他一起跳舞……

10分钟左右的剧情并不复杂,但剧中尼克的悲惨处境和玛莉亚为尼克所做的一切,紧紧揪着观众的心。

尼克的家人把他送到孤儿院对吗?这种把无法自理的病孩遗弃的事情在我们身边多少也听说过吧,为什么会发生这样的事情呢?

教育启示

没有父母不希望自己的孩子幸福、快乐,但很多时候父母所做的努力却很难达到目的。在帮助孩子这一点上,父母有很大的局限性。

究竟是为什么?这是一个时代难题。

"幸福的家庭都是一样的,不幸的家庭各有各的不幸。"我们是屈服于不幸还是找到自我拯救的途径?

班里的同学对尼克避之不及。这是大多数人的反应。对于跟自己不一样的个体,大多数人采取的措施是畏而远之,似乎是出于本能地避开,就像避开危险事物一样。我们自己是不是也属于这一种呢？

老师把尼克推到院子里晒太阳后就离开了。像孤儿院这样的地方，老师的工作特别繁重，他们照顾的不是一个孩子，而是一大批，所以他们无法成天守着一个孩子。

玛莉亚的出现是多么重要！如果没有玛莉亚，尼克短暂的人生大概从来都不会知道什么是朋友、什么是快乐、什么是梦想、什么是幸福……

狄金森有一首小诗：

假如我能使一颗心免于忧伤，我就没有虚度此生。假如我能使痛苦的生命有所慰藉，在辛酸中获得温情，或是让一只昏厥的知更鸟重新回到窝中，我就没有虚度此生。

玛莉亚长大后回到孤儿院改建成的特殊教育中心当老师，手腕上还系着一段小绳子。也许就是尼克的去世让玛莉亚走上了这条帮助特殊儿童的道路吧！我觉得这首诗简直就是为玛莉亚写的。

★教育启示★

我们活着到底为了什么？是为了挣更多的钱，买更大的房子，拥有更多自己喜欢的东西？没错，这是我们每个人的权利。那么，所有这些就是我们活着的全部意义吗？除此之外，是否还有什么重要的东西是我们需要去努力争取的呢？

> 从玛莉亚身上我们看到一个立志为特殊儿童付出爱的形象。
>
> 对于社会来说，如何更好地照顾为数不少的特殊人群，是个艰巨的任务，我们需要更多像玛莉亚这样以付出爱为人生目标的人。

电影的最后出现的字幕更是叫人心痛不已：

致我的女儿亚历康德拉，谢谢你启发了我这个故事；

致我的儿子尼古拉斯，真希望你永远都不要启发这样的故事；

致我的妻子劳拉，因为你从未在我面前落泪。

《小绳子》可以说就是导演兼编剧的儿子尼古拉斯与女儿亚历康德拉的真实故事。

尼古拉斯是《小绳子》中小男孩的原型，他由于出生时缺氧而患有严重的脑瘫，不能自己吃饭，不能走路，也不能说话。姐姐亚历康德拉始终带着爱心和想象力与弟弟玩耍，是弟弟生命中最大的幸福。

孩子的不幸可能会成倍地加在父母的精神上，而亚历康德拉给予尼古拉斯的陪伴和爱，多少让他们的父母感到些许的慰藉！

教育启示

在这段抗疫隔离的时间里,家庭成员朝夕相处,实现了以往无法实现的愿望:有空陪伴家人。

我们是如何相处的?是在一起游戏、玩耍、相互陪伴的时候更多呢,还是拿着手机自娱自乐的时候更多?我们是关怀和安慰的更多呢,还是争执吵闹的时候更多?

电影沙龙

短片只有 10 分钟左右,情节简单,人物也不多,但都很典型。不妨就从人物谈起。

问题讨论一:电影里都出现了哪些人?他们分别做了哪些事情?你对他们有什么看法?

学生角度:父母把尼克送到孤儿院。我们可能会觉得这样的父母很无情。同学们都不理尼克,我们会觉得他们做得不对。尼克不能动,不会说话,我们都很同情他。玛莉亚是这部短片的灵魂,她不仅善良、活泼,还很聪明,总是有用不完的好主意,带着尼克一起玩,让尼克感受到前所未有的快乐和幸福。

家长角度:对于家长来说,问题可能比较复杂。对于尼克父母的举动,我们虽然觉得不合适,但也会有一些理解。对于那些不理尼克的同学,我们可能不会责怪他们,毕竟还是小孩子,不太懂事。而玛莉亚则让我们心疼:多好的孩子啊!

老师角度：理解家长的难处，原谅不理尼克的同学。拥抱玛莉亚，她小小的心灵拥有满满的爱和智慧，她为尼克短暂的人生创造了一个又一个奇迹，让尼克感受到快乐和幸福，带着笑容离开人世。玛莉亚让尼克悲惨的人生有了阳光和色彩。

问题分析：教育这件事情从其产生以来，一直都在不断的试错中发展。到今天我们开始发展"学习共同体"，就是因为我们发现真正的教育是来自多方面的，而不是来自老师一人。"融合教育"与"学习共同体"的理念有着很多相似之处。玛莉亚为尼克所做的一切，是老师无法做到的。而玛莉亚与尼克互动的过程，对两个人心灵所产生的影响，也是老师的教育所无法达到的。

家校联手：低年级小学生在进入新的班集体之后，需要学习的东西很多，特别是从被娇宠的家里来到人人平等的班集体，有很多不适应。我们在指导孩子适应新的班集体的同时，一定要引导他们学会关心别人。

首先，整个小学阶段，除了学习习惯的培养，最重要的就是如何构建同伴关系，有时这甚至比学习习惯还重要。

其次，真正的学习，绝不仅仅是发生在孩子与老师之间，更多的是发生在所有的同伴之间。因为"等着老师来喂"的学习方式已经无法帮助学生适应这个日新月异的新时代了。孩子们需要在与同伴相处的过程中互相学习、共同学习。

将来的社会，合作关系尤为重要，如果学不会与人相处，不懂得关心别人，无法与同伴建立良好的合作关系，很可能会被孤立、被淘汰，很难获得快乐和成功的人生体验。

问题讨论二：如果让你扮演会说话的尼克，在跟玛莉亚一起玩的时候，你会怎么想？你会对玛莉亚说些什么？

学生角度：角色扮演是大家很喜欢的一种读故事的方式。在这个过程中，我们能更好地体会和理解人物的心理活动。

老师角度：无论孩子们说了什么，先肯定。大家可以分享如果自己扮演这个角色会怎么说，但不要否定孩子们的想法。孩子们在飞快地成长着，他们的想法是会变的。我们要为孩子创造思考和表达的机会。

问题分析：感谢是孩子们说得最多的，但感谢的原因孩子们往往说不出来，因此我们要加以示范引导。比如：玛莉亚，你用绳子系着我的脚，教我踢足球，我觉得太有意思了！从来没有人这样带我玩过，你真是一个神奇的人！

问题讨论三：你曾帮助过谁吗？你是怎么做的？有谁帮助过你吗？你觉得他的帮助对你有用吗？

学生角度：帮助别人是一种需要学习的能力。举个例子，我们很多时候会把自己不需要的东西给别人，很少愿意把自己喜欢的东西送给别人。这是没有站在对方的立场考虑问题。我们需要培养这种能力。

家长角度：很多时候我们出于对自己孩子的爱，不愿意让孩子太无私，但又不知道该如何教育孩子无私，很多时候很矛盾。

其实，很多时候我们成年人也缺少这种设身处地为他人着想的能力，我们很难站在对方的立场上考虑问题，甚至有些人去帮助别人的时候，也是为了满足自己的一些需求。

老师角度：如何从孩子发展的角度教育孩子如何帮助别人？这是教育工作者们一直在探索的课题。

问题分析：从"帮助别人就是帮助自己"的角度来看，我们要尽己所能真诚地帮助身边需要帮助的人。从小的方面来说，我们每个人都会遇到各种各样的困难，如果你是一个习惯于帮助别人的人，那么在你需要帮助的时候，同样也会得到别人的帮助。一个乐于助人的人，一定是一个受人欢迎的人，一定会有很多朋友，所以乐于助人的人更容易融入社会，更容易获得安全感和成就感。

综合探究

1. 亲子共读《活了一百万次的猫》，体会活着的最大意义在于付出爱，而不是被爱。只有真诚地爱过，才算真正活过。

2. 家庭游戏：盲人与哑巴。

游戏任务：学习如何帮助别人。

游戏准备：眼罩，有一些障碍物的路线。两人一组，一个扮演盲人（戴上眼罩），一个扮演哑巴。

游戏规则：

哑巴带着盲人走一段路程，路途中要设置一些障碍。

整个过程中，哑巴不能说话，还要保护盲人不受伤害，并且把盲人顺利带到目的地。

游戏建议：

游戏可以反复进行，成员轮流扮演盲人和哑巴，体会不同处境下的心理活动。每次游戏结束，大家都要分享游戏心得，在沟通和交流中让这段旅途更加顺利。这有助于孩子学会设身处地为他人着想。

龙猫出现，温暖陪伴
——《龙猫》

江苏省盐城市大丰区龙镇渔业小学　　龚爱凤

电影信息

导演：宫崎骏

类型：动作 / 冒险 / 奇幻 / 家庭

制片国家 / 地区：日本

上映时间：1988 年

荐影理由

面对突如其来的疫情，孩子怕家人被隔离、怕孤单、怕黑、怕陌生的地方、怕亲人生病……面对幼小的孩子，该怎样让他度过这个恐惧期呢？这部电影既温暖又能治愈孩子的恐惧心理，带给孩子们强大的精神力量。

1. 心理疗愈功能

这部电影能很好地缓解低幼孩子面对家庭变故的焦虑，帮助孩子克服对陌生环境的恐惧，获得安全感，拥有健康的心理。

2. 家校共育价值

电影中有许多细节能启发引导家长和老师更好地帮助孩子健康成长，更好地理解孩子童年时期安全感的重要性。影片能很好地将老师与家长聚在一起，共同发现影片中的教育智慧。

3. 美育价值

这部电影画面非常纯粹唯美，配以优美的音乐，除了起到心理舒缓的作用，无形中还会给孩子们美的熏陶，潜移默化地提升孩子们以及老师、家长的审美水平。

观影准备

1. 观影布置

室内布置得尽量温馨些，如挂上粉色窗帘，放些柔软的毛绒玩具，准备一些水彩笔和画纸等。

2. 温馨谈话

（1）孩子，你怕黑吗？你怕一个人待在家吗？你担心爸爸妈妈生病吗？你怕上学吗？

（2）当你觉得孤单冷清时，你会找谁陪伴你、安慰你？当你心里害怕时，你会找谁保护你？

电影精读

《龙猫》主要讲的就是关于安全感的问题：如何让幼小无助的孩子渡过他们难以承受的心理危机？

心理学家埃里克森认为，婴儿时期母亲带给孩子的是最基本的安全感。可是，如果一个孩子因家庭变故或外面世界的不安定因素，最初的安全感受到威胁，他该怎么办？

电影《龙猫》用唯美温馨的画面和美好神奇的想象力给我们提供了一个很好的范例——为幼小无助的孩子提供一个保护罩，让他在最无助的时刻能想象出一只龙猫，陪伴他摆脱心理困境，为他继续成长、人格健全发展奠定一个美好的基础。龙猫在电影中其实就是一种隐喻，是一种可以给人安慰、给人成长的力量的替代物，可以给孩子带来安全感，可以替代慈爱温柔的妈妈以及有趣可爱的玩伴。

小梅为什么能看见龙猫？

1. 给孩子一个美丽的保护罩

主人公小梅是一个只有4岁的小女孩儿，她天真活泼，自由自在，无忧无虑，对什么都充满好奇与幻想，敢于在安全的环境中四处探索。可以猜想，这个家庭本来就是一个很温馨很美丽的保护罩，爸爸勇敢乐观，妈妈慈爱温柔，姐姐懂事体贴，小梅最初的安全感基本已经形成了。要不是妈妈生病住院，一家人搬到乡下的"鬼屋"，小梅应该没有什么好恐惧与焦虑的，可以继续无忧无虑地成长。

清新美丽的乡下虽然有很多有趣的事物，但是"鬼屋"里也有许多令人恐惧的因素：小梅害怕"鬼屋"的阴暗，害怕破房子被风吹垮，害怕"鬼屋"里幽灵般的"黑灰尘"，害怕孤单，害怕黑夜，想继续跟妈妈睡，最恐惧的是怕妈妈病死。

小梅的爸爸是一个勇敢乐观、机智又有童趣的好爸爸，他及时巧妙地为孩子继续加固着这个保护罩。

面对"鬼屋"的阴暗、破败，面对小凯所说的"你家是个大鬼屋"，小梅爸爸第一时间用自己乐观的态度宽慰引导两个孩子：他说他小时候也经常这样捉弄吓唬女生，其实"鬼屋"很有趣，他自己从小就希望住在"鬼屋"里面；他让孩子们大笑，说这样可怕的东西就会跑光光。同时温柔的妈妈也幽默起来：她说她好想赶快出院看看"鬼"长什么样子。面对久积的黑灰尘，爸爸和慈爱的邻居婆婆利用孩子的想象力，将可怕的"黑灰尘"说成是"你们看到的一定是灰尘精灵"，将恐惧转化成好奇，"对它们笑笑，它们不会害你的"。

可是，妈妈生病住院，爸爸要工作，根本无法陪伴两个女儿。幸好小梅的姐姐小月非常懂事能干，她主动承担起照顾妹妹和做家务的责任，陪妹妹玩耍做游戏，帮妹妹梳头发，自己却剪掉了心爱的长头发，做出了这个年龄段孩子不该有的牺牲，替补了一个母亲的位置，再加上邻里的善良热情友好，一家人看上去还是那么温馨美好。小月对保护罩的完好维持既让人欣慰又让人心疼。

但是，小月终究不是小梅。小月在长大，有走出去的愿望，她在这里交上了新朋友，喜欢和他们相约一起上学，喜欢按时坐在教室里听老师讲课。这让备受姐姐宠爱的小梅有了一点落寞。爸爸工作忙碌，她一个人很孤单，幸好她已经建立起了安全感，敢于也能够在房前屋后寻找自己的乐趣，忙得不亦乐乎：摘朵花摆在爸爸书桌上说要开花店，捉蝌蚪，拾橡果子……在与大自然的亲密接触中，她见到了小龙猫，一路追随，找到了树洞，发现了大龙猫。

至此，小梅通过自己的想象力找到了姐姐和妈妈的替代物——大龙猫。大龙猫柔软、温顺、有趣，任由小梅逗弄它的胡须、趴在它身上睡觉，弥补了姐姐要上学不能陪她、夜里睡觉没有妈妈陪伴的缺憾。

2. 对童真的呵护，对自然的敬畏

从小梅发现龙猫的幸运上，我们可以看出，好奇心、想象力对孩子来说多么重要，它可以帮助孩子解决自身缺乏安全感的问题。那么好奇心、想象力来自哪里？其实孩子泛灵论的特点决定了孩子天生就有，只是需要大人们好好保护与激发。小梅一家温馨和谐，对小梅百般呵护关爱，爸爸对小梅想法的尊重以及他对大自然的敬畏，都是在保护着小梅天真无邪的想象力。请看电影中这段对话，从中可以看出一个父亲的语言和行为对孩子童真的呵护是多么重要——

爸爸：哇，真是个好地方！简直像秘密基地一样。
…………

小梅：人家没有骗你们。

爸爸：其实爸爸跟姐姐也没有说你是在骗人啊。小梅刚才一定是遇到了森林的主人。这就表示小梅运气好，不过这种机会并不常有哦。来，我们去跟它打个招呼吧！

…………

小月：小梅说树洞不见了。

爸爸：所以啦，不是想看就能随时看得到的。

小月：还会看到吗？

爸爸：会呀！

小月：我也想看。

爸爸：急不得，那得碰运气喽！这棵树还真大呀，一定是几百年前就已经长在这里了。孩子们，很久很久以前，树木跟我们人类的感情非常好。爸爸就是因为看到这棵树，才会这么喜欢现在这个家的，而且我知道妈妈一定也会喜欢这里。来，我们谢谢它然后回家，也该吃饭喽！

…………

爸爸：立正，站好！多谢您照顾我们家小梅。从今以后，希望您多多关照！

小月与小梅：请您多多关照！

电影中对大自然敬畏感恩的人，除了爸爸，还有婆婆。当小月、小梅来到婆婆的农田摘瓜果蔬菜的时候，婆婆说这些都是老天爷的赏赐，多吃对身体好，感恩太阳，感恩大自然的给予。这些都给了小月、小梅潜移默化的影响。

3. 给孩子拓宽眼界与抒发心情的渠道

但是，仅有想象力，龙猫这个具体的形象也不会无缘无故地产生。电影中小梅和小月都说了，龙猫的形象来自她们平时经常看的画册。从这个细节可知，给孩子提供合适的画册绘本，对孩子拥有一只龙猫是多么重要。

电影中还有一个细节：当小梅的爸爸需要去大学上课的时候，只好把小梅交给婆婆照顾，但是小梅太孤单了，追到学校里。这时，老师和同学们都很友善地接纳了小梅，尤其是老师不怕小梅打扰课堂，让小梅坐在教室里一起听课，解决了小梅恐惧孤单的问题，这与邻里的友善一样，给美丽的保护罩增添了一份善良。小梅也由此学会了一个新的抒发渠道——画龙猫，跟着姐姐摹绘，与妈妈交流。可能正是由于小梅经常看龙猫，画龙猫，所以龙猫才会在关键时候再次出现。

龙猫什么时候来帮助小梅？

1. 在她孤单无聊时

电影中，小梅与小月在站台上等爸爸，爸爸没有赶上班车，小梅甚至困得睡着了。小月百无聊赖时，可爱的龙猫出现了。它头上顶着小小的荷叶伞，当它试着用小月给它的伞挡雨时，还惊奇地发现雨滴落在伞上的乐趣，故意摇落一树的雨滴来消除小月、小梅的无聊犯困，还有超大的龙猫车让龙猫来去自如。最后，大龙猫还赠送姐妹俩一包橡果子。影片中的橡果子充满了隐喻，象征着成长的无限可能性：姐妹二人刚搬进新屋时对橡果子充满好奇，捡拾收集橡果子；父亲对大树的感恩敬畏，让他们渴望家门前长出小树林。

2. 在她渴望成长时

当小梅、小月将橡果子种在门前的院子里，日思夜想，希望它们尽快发芽时，午夜时分，大龙猫就来了。这是影片中另一个让孩子们喜欢的地方，就是成长、飞翔，龙猫的魔力释放了孩子的天性、梦想。龙猫带领她们围着苗圃虔诚地敬拜，一棵棵幼苗破土而出，小树苗伸展、向上，冲入云霄，铺满天际。龙猫带着她们，乘着陀螺、乘着风飞翔，夏夜他们并排坐在树顶，用埙吹奏出美妙的小夜曲。

3. 在她没有能力解决眼前困难时

妈妈生病了，小梅渴望妈妈快点回家，不顾一切独自去寻找妈妈。小月怕小梅丢失，害怕妈妈病死，在极度无助的情况下，龙猫车出现了，带小月找到迷路的小梅，带她们到妈妈住的医院，见到日思夜想的妈妈。龙猫车神奇无比，无所不能，只要你需要它，它就会停在你的面前，穿过农田，穿越森林，踩着电线，爬上电线杆……冲破一切阻碍，带你去你想去的地方。

龙猫最适宜人群

《龙猫》是唯美的，所有人都在帮助小梅、小月解决她们的心理焦虑问题，其中回避了现实的不美好，回避了儿童成长中的"巫婆"。影片从前到后没有哪个镜头不完美。

这对于像小梅这个阶段的孩子来说，是非常好的。因为她们太小太弱，不足以应对心理困境，我们一定要给她们一个安全保护罩，通过想象来解决现实中无法解决的问题，让她们建立对这个世界的信任，为下一步走出自己的小世界、融入大世界奠定心理基础。

但是，对于小月来说，如果只依靠想象的大龙猫的魔法来解决心理问题，那么她的人格就无法得到真正的发展。

所有人只看到小月懂事能干的一面，看不到她心理脆弱的一面。妈妈虽然知道小月承受了超龄的责任，但是她没有时间或者作者宫崎骏当时没有意识到去指导小月，没有将挫折当成契机，而是任由小月退回到小梅的状态，最后虽然也依靠想象、魔法解决了心理问题，但却失去了一次成长的机会。

爸爸虽然也教了小月用大笑的方法，而且还智慧地让妈妈不要焦虑，以免引起孩子的焦虑，但是，他的这些做法治标不治本，只能缓解孩子的焦虑，不能帮助孩子超越、成长。

所以，《龙猫》这部电影可能对所有人都有疗愈的功能，但真正具有心理学价值意义的对象，还仅仅是没有能力对抗现实困境的低幼阶段的儿童。人的成长是一个不断摆脱心理依赖、不断勇敢与成熟的过程。

电影沙龙

1. 评一评，赞一赞

出示事先准备的优秀作品，这些作品分别代表以下几个方面：能梳理情节的，能关注细节的，有海报感觉的。

让孩子们评一评，赞一赞，相互学习。

2. 辨一辨，演一演

（1）小梅害怕哪些地方？

可以先问孩子们一个问题：你喜欢电影中的谁？

主要是让孩子们体认角色，然后带着孩子们梳理使小梅恐惧的事情。

这时会有一些孩子说喜欢小梅，也有一些孩子说喜欢小月。对于那些喜欢小梅的孩子，会意识到小梅的问题与自己密切相关，激发他们一起寻找解决问题的办法。而那些喜欢小月、喜欢父母的孩子自然也是母爱心爆棚，热心帮助别人的孩子。

（2）龙猫帮助小梅克服了哪些恐惧？

先让孩子们说出自己的发现，然后再组织孩子们表演讨论。注意表演时让孩子们自由选择自己喜欢的角色，有矛盾再协调。

精诚所至，金石为开
——《宝莲灯》

山东省东营市利津县陈庄镇中心小学　　张洪乐

电影信息

导演：常光希

类型：剧情/家庭/儿童

制片国家/地区：中国

上映时间：1999年

荐影理由

疫情期间，孩子们终日待在家里，不仅要处理好与家庭成员的关系，还要调整好自己的心态，积极面对这段时间的生活，所以我们选择了电影《宝莲灯》。电影呈现了成长、生命，以及人与人、人与自然和谐相处的画面。这部影片有助于孩子们顺利度过疫情时期的居家生活。

观影准备

中国古代神话故事和人物，包括典籍中记载的神话故事，以及被神化了的历史人物故事。这部电影，要了解故事中的三圣母、二郎神、孙悟空、土地公公等人物。

电影精读

这部动画电影故事虽然简单，但是剧情完整，主题突出。电影重点呈现了沉香在救母亲的过程中所经历的重重磨难。一切磨难都没有磨灭沉香的初心——救母之心。电影告诉我们什么是永不言弃。

沉香

电影中的沉香只是一个凡人，可是他却要与二郎神（天神）斗，没有一点儿畏惧。他始终充满勇气，坦然地迎接挑战。

在拜孙悟空为师的途中，他历经了重重磨难。鬼城、荒漠、怪石，诡异多端；雪崩、地裂、沙尘暴，接踵而来……困难一个接一个，千难万险都没有磨灭沉香的救母之心。

沉香在幼年同伴尕妹和部落族人的帮助下,在滚烫的岩浆里寻得神斧,终于迎来了他和二郎神的对决,并最终战胜了二郎神。后来,他用神斧劈开华山,母子在彩虹桥上重聚。

试问,是什么成就了沉香?是什么让沉香战胜了二郎神?表面上看是神斧,是沉香的绝世神功,但从整部电影来看,原因很多,最重要的一点是他的救母之心,永不言弃的精神一直激励着他。

现实生活中,孩子们已经找不到类似的经历了,他们大多生活无忧,很少经受挫折,抗挫折的能力很差。许多例子证明,孩子们一直在顺境中成长,经受挫折和磨砺少,对他们的成长和人生发展是不利的。

★教育启示

在我国,许多父母不愿意让孩子像他们那样去吃苦。孩子们成长中缺少了生活的磨砺,缺少了吃苦耐劳精神的培养,缺少了坚毅性格形成的土壤。我们要向沉香这样的人物学习,学习他们坚韧不拔的精神和品格。新冠肺炎疫情影响了我们的生活,我们该怎么办呢?我们要充满信心,疫情就是磨难,我们要做好防护。等白衣天使战胜病毒,我们依然会去拥抱大自然。

三圣母

三圣母是什么人呢?三圣母是沉香的母亲。影片是这样讲述的:天宫中的三圣母执意爱上了人间的书生刘彦昌,她不顾哥哥二郎神的反对，带着宝莲灯偷下凡间与刘彦昌私订终身并生下一子，取名沉香。

三圣母和沉香在一起过了七年平静、幸福的生活。影片中，清澈的湖水之上，小小的沉香看到露珠从荷叶上滑落，他拨弄着荷花，和欢跳的青蛙玩耍；母子俩乘着小舟滑过美丽的莲花丛……温馨、幸福的时光镌刻在沉香幸福的回忆里。

沉香问妈妈："妈妈，什么叫幸福？"

"幸福就是……"妈妈略有沉思，笑着说，"妈妈跟沉香在一起呀！"

沉香跑到妈妈身边，抱着妈妈说："我和妈妈在一起最高兴，和妈妈在一起就是幸福。"

沉香经过千辛万苦，用神斧劈开华山，山石崩裂，响声震耳欲聋。沉香的母亲得救了。沉香和母亲在彩虹桥上相遇，沉香长大了，跪在母亲面前，双手抱着母亲，和母亲一起看眼前湖水中的荷塘：荷花盛开，青蛙跳跃，小鱼儿在湖水中游动，荷叶和荷花上的露珠晶莹闪亮……

教育启示

新冠肺炎疫情期间，大部分孩子待在父母身边，是幸福的。没有父母愿意与孩子分开，少部分孩子的父母作为逆行者，要去抗疫一线救治病人。孩子心里虽然不舍，但父母是白衣天使，是伟大的战士，他们为了国家，为了大家的幸福，暂时搁置了小家的幸福。战胜疫情的那一天，父母凯旋，这些孩子和父母在一起就有了别样的幸福。

和谐相处

我们认为,人与人、人与动物、人与自然之间都要和谐相处。影片中,沉香帮摔倒的老奶奶捡东西,老奶奶便给了饥饿的他一个饼,这就是人与人之间的和谐相处。影片中有一个反面例子,就是那个骗子。他尖尖的下巴,用一块黑帕子遮住眼睛,扛着阴阳幡,手里拿着铜铃铛,边走边摇晃,口里念念有词:"走走走,游游游,不学无术我不发愁,逢人不说真心话,全凭三寸烂舌头,马屁拍得他腿抽筋,老虎嘴上揩点油,东西南北混饭吃,坑蒙拐骗最拿手,我最拿手。"

沉香尊敬他,叫他叔叔,想打听孙悟空的情况,他却说:"谁是你叔叔啊?我是威震九州横扫四方召神驱鬼伏魔降妖八面玲珑的霹雳大法师!"

他为了得到小猴子,骗沉香穿山而过,就能去救妈妈。他还教沉香念咒语:"俺把你来蒙,俺把你来蒙……"沉香信以为真,用尽全力一头撞上去,昏倒在地。他骗了小猴子,后来他又骗了很多动物,但最终没有好下场。

影片中,沉香与小猴子是很好的朋友,他们之间有着让人羡慕的感情。当经过森林时,沉香与森林中的动物们度过了一段快乐的时光。

教育启示

当今社会,与人为善,和谐相处是必须的。但是,那个骗子用花言巧语蒙蔽了不少人。这种唯利是图、两面三刀的人,往往口才都不错。家长要提醒孩子，提防巧言令色的人，小心花言巧语之类的糖衣炮弹，防备慈眉善目掩盖下的陷阱和迫害。另外，动物是我们的朋友，要与动物和谐相处。大自然提供了人类生活的一切，我们要热爱大自然，而不是去破坏、过度开发大自然。电影启示我们要与身边的人、动物、环境和谐相处，让我们的环境更美，工作、生活更幸福。

孙悟空

孙悟空是影片中刻画得比较生动的角色之一。孙悟空是《西游记》中的主人公，影片中的故事是孙悟空成为斗战胜佛后的续编。孙悟空说的话，许多都来自中国传统文化——

"小忍成仁，大忍成佛，你看我老孙不就忍成佛了吗？"

沉香问孙悟空能不能点亮宝莲灯，孙悟空说："人无心则死，灯无芯则灭。灯在人中，人在心中，人心不死，灯芯不灭。"

"精诚所至，金石为开。这八个字，你要时时牢记啊！"孙悟空嘱咐沉香。

教育启示

中华传统文化的精髓，需要我们一代一代地传承和发扬。方式可以多种多样，比如电视台推出的《中国诗词大会》《朗读者》《见字如面》《经典咏流传》节目，就是传统文化大众化的重要方式。在家庭教育中该如何传承传统文化呢？

电影沙龙

天宫中的三圣母本来是神仙，却爱上了人间书生刘彦昌。为了爱情，三圣母不顾二郎神的反对，带着宝莲灯偷偷下凡与刘彦昌相会。我们看到当三圣母和二郎神对话时，天宫的颜色总是昏暗的。三圣母来到人间和刘彦昌相会，后来和沉香一起生活，以及沉香长大后救出妈妈，他们身边的景物都有亮丽的色彩，是美好的画面。

问题讨论一：在天宫做神仙好还是在人间做普通人好？

学生角度：在天宫做神仙既有神通广大的本领，又有充分的自由，还能长生不老，没有现实的烦恼和学习的压力，做神仙真好。但是，让我离开爸爸妈妈去做神仙，我不乐意。

家长角度：做神仙是想象出来的，不会变成现实。我们一家人幸福地生活在一起，就是"神仙的生活"。

老师角度：做神仙还是做平凡人，是做人的境界问题。人有了伟大的人格，有了广阔的胸怀，与家人幸福地生活在一起，善待周围的一切，就有一种"仙人"的境界，就可以走在青山绿水彩云间，只羡鸳鸯不羡仙。

问题分析：童年是一段"由浪漫到精确""由粉红到天蓝"的彩色阶梯。青春期之前的孩子自我意识不强，他们特别相信童话、神话。做神仙、做超人，是他们的遐想。父母要保护他们的这份纯真。

家校联手：老师和父母要做的，就是保护孩子的浪漫童年，不可训斥和打骂，更不能认为孩子太天真、不成熟，不理解大人的良苦用心。家校联手，学会陪伴和关注孩子，避免对孩子的冷落和漠视，让孩子在陪伴中体悟幸福，在平凡的学习生活中感受快乐和温馨。

问题讨论二：疫情期间，学生如何处理与家人的关系？

学生角度：超长假期，我宅在家里；我好想出去玩，好想去上学！我不想见父母那张像有人欠他们钱似的脸。

家长角度：在家里，一对一或一对二地看着孩子，都快烦透了。家里这两只"猴子"真不好管，工作没把我逼疯，两个孩子快把我逼疯了。让孩子拿着手机上网课，你不盯着他（她），就等于孙悟空看守蟠桃园，后果你懂的。我们家整天鸡飞狗跳，有时候还会上演"全武行"，一点快乐也没有。

老师角度：教育本身就不是一件容易的事。特殊时期，我们要静下心来，重新审视自己的教育理念和教育方法。用心去教育，家校要形成同盟。我们是助力学生成长，不是扮演监狱长和警察的角色。

问题分析：新冠病毒疫情已有数月，这段时间，是家长和学生、家校关系重构的时期，我们都要转型升级。合作共赢，心不可闭，要接纳和理解。家长、老师和孩子应建立良好的关系，激发孩子自身的潜能，培养他们良好的习惯。

综合探究

设计一个搜集中国古代神话资料、讲述中国古代神话故事、描画中国古代神话人物画像的活动，让孩子们从中体验中国古代神话的魅力。

养成良好习惯，做最好的自己
——《没头脑和不高兴》

河南省商丘市柘城县第二高级中学　　马晓利

电影信息

导演：张松林

类型：喜剧 / 儿童 / 动画

制片国家 / 地区：中国

上映时间：1962 年

荐影理由

疫情期间，孩子们和父母接触的时间更多了。"小神兽"们的一些坏习惯在失去学校大环境的集体约束后就会——凸显。《没头脑和不高兴》这部电影，可以唤醒孩子们向上、向善、向美之心，使他们摒弃身上的坏习惯，养成好习惯。当然，不只是孩子，家长也可以从这部影片里自省并纠正自己的不良习惯，和孩子一起变成最好的自己。

观影准备

1. 阅读任溶溶的《没头脑和不高兴》原著。
2. 找找自身的好习惯和坏习惯。

电影精读

这部动画电影如果跟国际大片相比的话，也只能称得上是一个片段。电影虽短小精悍，却发人深省。影片刻画的两个小主人公"没头脑"和"不高兴"深入人心；短短二十分钟却揭示了一个深刻的问题——好习惯的养成。影片中主人公没有具体的姓氏，我们从两个小主人公身上看到的不只是一两个孩子而是一群孩子的形象。

"没头脑"和"不高兴"——不良习惯

电影里，"没头脑"和"不高兴"化身为两个活泼的小朋友。他们各有特点："没头脑"做事丢三落四，忘东忘西；"不高兴"则是经常和周围的人作对，喜欢说"不高兴"，常常扫了大家的兴致。但他们俩有一个共同的特点：当周围的人指出他们身上的问题时，两人都会做出一副我行我素的样子，并说："这是小事情，算得了什么？我才不在乎呢！长大了做大事情，那就是另外一回事了！"他们拒绝改变，拒绝成长。

教育启示

做事情没有条理、粗心大意、拒绝改变……这些现象很普遍，但更可怕的是有些孩子对自身的这些行为没有正确的认知。别人提醒"瞧你……长大了可怎么得了"，他们对此提醒不以为然、毫不在乎的态度才是最可怕的。因为他们认识不到不良习惯的危害性，所以用何种方法唤醒他们对自身问题的认识，就变得尤为重要，于是才出现了后来"仙人"用"仙法"把他们变成大人的情节。

"仙人"施"仙法"——教育唤醒

电影虽对原著做了一些改编，但保留了"神仙施法"使"没头脑"和"不高兴"变成大人这一情节。按照两个孩子的想法，长大就会干大事情。在这种情况下，外界环境进行适时干预，让他们深刻认识到习惯持续伴随其成长时将会发生什么样的情况。

长大的"没头脑"设计的千层少年宫建成后，只有九百九十九层，把喷水池设计在了大厅中央成了喷雨池，最可怕的是如此摩天大楼竟然没有设计电梯！在顶层演出的是长大了的"不高兴"，可是他不满意让自己扮演老虎，结果到头来把"武松打虎"演绎成了"虎打武松",最终搞得场面失控,"没头脑"和"不高兴"相撞,一起从高层一直跌落到一楼大厅。这就是在暗示,小时候坏习惯不改正,早晚会栽大跟头。"三岁看大,七岁看老"这句俗语还是有一定道理的。这件事让两个孩子领悟到:坏习惯不只是影响自己的命运,还会影响更多人。懂得了个人的习惯对自己命运有多么重要的影响,于是他们两个反省自身,主动要求重新回到小时候,重新开始养成好习惯。

★教育启示

对孩子的教育不能只是千篇一律的说教,而是要让孩子真正地参与其中,让他们真正体会到自己行为上的不足,深刻认识到自己的这种不足带来的危害,进而通过孩子内在的力量达到自我的学习和改变。要让孩子们意识到,现实中我们没有时光倒流机,没有"仙法"能让长大后的他们重新回到童年,重新来过。要在成长的过程中及时用正确的方式帮助他们成长,尽力让他们自觉去改变自己、完善自己,成长为有担当、有能力的时代新人。

教育的正确打开方式——接纳、改变

每一个有问题的孩子后面都有一个有问题的家庭,家庭教育会对孩子产生深远影响。这部电影和原著有一个最大的区别:在电影里没有出现妈妈这一形象,旁观两个孩子成长的人变成了电影里会让人变化的"仙人"。但小孩子行为习惯的形成,家庭教

育有着举足轻重的作用,在小说里妈妈的唠叨对孩子不良习惯的形成起到了催化作用。书里有这样的对话:

妈妈一面收拾东西,一面直唠叨:"瞧你这个没头脑,大起来怎么做大事情啊!唉,大起来怎么得了!"

这几句话"没头脑"听都听烦了,他噘起了嘴,嘟囔着:"这是小事情,算得了什么?我才不在乎呢!长大了做大事情,那就是另外一回事了!"心里说:"这点小事,也犯得着嘀咕个没完!"

即便是电影进行了改编,也可以看出来,在"没头脑"和"不高兴"两人不良的行为习惯表现出来的时候,无论是旁观者还是母亲也只是给予盖棺式评论,对当事人的行为并没有达到应有的教育效果,反而适得其反。为什么会出现这种情况呢?

教育启示

要真正让教育起到作用,还需孩子内心的觉醒。这就需要探究孩子为什么会出现这种行为习惯,根本原因在哪里。在纠正孩子行为习惯的时候,自己的表达方式是不是欠妥?要学会倾听,从孩子的语言里找到通往他们内心的道路。真正能走入孩子的内心,明白孩子的根本问题在哪里,然后再平等对话,或许就是另外一种风景了。毕竟,习惯的核心是自觉化,而让行为自觉化的关键在于环境和重复的具体行为,在于孩子自身和他所处环境的共同作用。

电影沙龙

问题讨论一:"没头脑"并没有听妈妈的话,你觉得是哪些原因?电影里的"没头脑"为什么不听别人的劝说?

学生角度:因为妈妈总是重复这句话,听都听烦了,虽然知道是对的,但还是不想听,而且"没头脑"认为这些都是小事情,没必要小题大做。电影里"没头脑"听不进别人的劝说,也是认为这些事情不大,不会影响什么。

家长角度:因为"没头脑"的妈妈每天都重复着同样的话,其实这对改变"没头脑"的坏习惯并没有什么帮助。电影里"没头脑"没有听别人的劝说,是因为对自身问题没有正确的认知,没有真正地发现问题的严重性。

老师角度:母亲能够发现孩子的问题,这是一个纠正孩子不良习惯的契机,可是她却错失了这个好机会。电影里的"没头脑"不听别人的劝,这和他的家庭教育有很大关系。

问题分析:其实原著里妈妈的教育方式是欠妥的。首先,她的表达方式不对,她在给孩子"贴标签",而不是在描述事实。其次,她发现了孩子的不良习惯,却没有去寻找出现这种现象的根本原因,不知道孩子为什么会有这种行为,没有采取措施帮助孩子纠正坏习惯。对待孩子的问题应该传递正确信息,把孩子的坏习惯客观地描述出来,然后指出问题的严重性,再表达一下自己的担心。及时沟通,解决孩子心中的疑问,才是正确的家庭教育方式。

家校联手:英国教育家洛克说,"一切教育都归结为养成儿童的良好习惯"。所以,家校一定要合作,让孩子在儿童时期养成良好的行为习惯。怎么做？家长和老师要及时对孩子在家庭和学校的表现进行沟通，找到好的切入方式，走进孩子的内心，让孩子认识到自己的不良习惯会有什么样的后果，并帮助他改正，最终养成良好的行为习惯。

问题讨论二：如果"没头脑"是你的同学、孩子或学生，看到他做的这些没头脑的事情，你该怎么办？

学生角度：帮助他改正，而不是像他妈妈那样总是唠叨，也不会像老师那样严厉批评他。

家长角度：给他指出来这种不良习惯的弊端，并且和他好好沟通。与孩子一起查找问题的根源，一起解决问题。

老师角度：放低姿态，学会倾听，不要给孩子"贴标签"。在改正不良习惯的过程中要给予孩子具体的帮助，让他真正地明白坏习惯会给他带来什么样的危害，会给社会带来什么样的危害，让他认识到养成好习惯的重要性，使他发自内心地改正自己的问题，直到养成好的习惯。

问题分析：其实我们最大的问题并不是不知道如何回答这个问题，而是不知如何实践这个问题，如何用行动践行自己所说的方法。在和旧的习惯做斗争的时候，容易产生懈怠、烦躁，所以这时候要及时给予援助。一个好的习惯养成需要多久？21天吗？不！养成一个好的习惯远不止21天，很有可能是三个21天，甚至更长时间。"所谓习惯，是指不假思索完成某种行为的程度，自动化是习惯的核心。"在形成自动化的行为习惯的过程中，一定要给予孩子足够的鼓励，和孩子同行，进而让孩子能够在学习、生活中自觉地严格要求自己，培养好的习惯，做更好的自己。

综合探究

你觉得"没头脑"和"不高兴"后来会不会有变化？如果变化了，能不能续编一下他们改变后的故事？如果没有变化，又是什么原因？大家可以演一演。

阶梯电影二

小学中段孩子们的特点是学习内容加大，难度加深，他们心理上要求独立的意识越来越强，开始学会独立思考，但是心态不成熟。疫情期间，居家的孩子不仅容易与家长产生冲突，而且兄弟姐妹之间也容易爆发大大小小的"战争"。针对疫情期间居家学习的特殊情况，小学中段的电影课程精选了6部电影，侧重于对孩子们进行情绪引导，正确处理各种家庭关系，培养孩子们独立思考的良好习惯和能力，让孩子们爱护野生动物，爱国爱家爱自然，独立自主能承担。

调控情绪，成就自我
——《头脑特工队》

河南省济源第一中学　　王晓琳

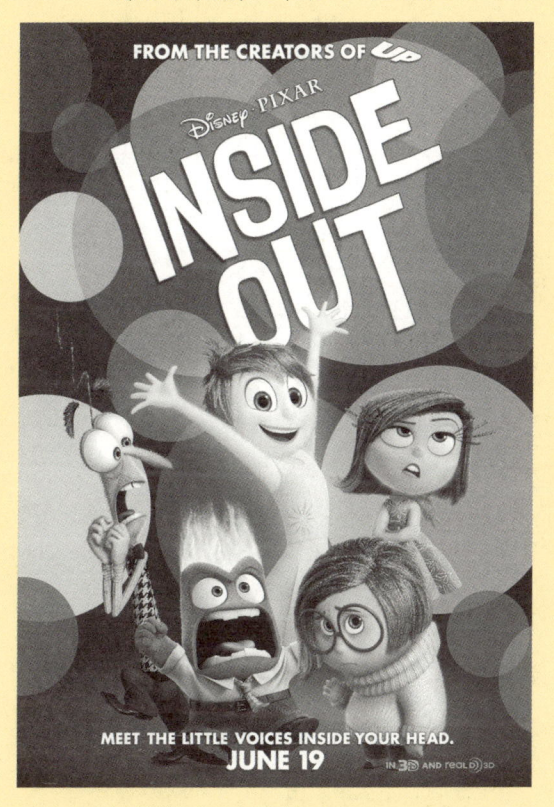

电影信息

导演：彼特·道格特 / 罗纳尔多·德尔·卡门

类型：喜剧 / 动画 / 冒险

制片国家 / 地区：美国

上映时间：2015 年

荐影理由

疫情期间，长时间宅在家里，不要说孩子们，大人的情绪也是几乎要崩溃了。如何让他们学会控制情绪呢？今天给大家推荐一部电影《头脑特工队》。电影通过形象生动的方式让孩子们看到情绪的变化是怎样影响一个人的成长和发展的。通过电影，让孩子们明白情绪控制的重要性，成长不仅是身体生理方面的变化，更重要的是思想和情绪控制方面的成熟。

观影准备

1. 知识准备

人类共有哪些情绪？基本的情绪有哪些？哪些是正面情绪？哪些是负面情绪？

2. 活动准备

让孩子们动手画电影海报或喜欢的电影人物。

电影精读

情绪

电影中，随着小女孩莉莉的出生，在莉莉的大脑中出现了乐乐。乐乐是谁呢？她是莉莉快乐情绪的表达。伴随着莉莉的成长，莉莉的头脑中又住进了忧忧、厌厌、怕怕、怒怒几个小伙伴。

此时，可以和孩子们交流这样的问题：莉莉大脑中那五个情绪小人分别是谁？他们各自管什么？

乐乐代表快乐情绪，忧忧代表忧伤情绪，怕怕代表恐惧，怒怒代表愤怒，厌厌代表逃避。我们要让孩子知道，人一生下来就会出现五种基本情绪，它们会给我们带来快乐，也会给我们带来不安甚至忧伤，它们都代表着人的意识中最原始的本能情绪。而人的成长就是从单一情绪过渡到对多种情绪掌控的过程。成长就是在社会标准的观照下学会处理和控制自己的情绪。孩子们开心或者不开心都是情绪在起作用，所以学会控制情绪就是学会调整自我状态的表现。

问题

电影中莉莉11岁，处在一个孩子叛逆期问题开始集聚的时期。那么电影中莉莉遇到了什么问题呢？

1. 突然搬家。某一天父母在没有同莉莉交流的情况下，突然带着她搬家。离开熟悉的环境、要好的伙伴，到一个新的陌生的环境生活，面对陌生的人群，莉莉内心失去了安全感。

2. 离开熟悉的伙伴和同学。人是社会性的，都渴望被别人认可和接纳，具有心理上的归属感。由于父母的仓促决定，莉莉离开原来的社交圈，心理归属感丧失，对新的环境会产生抵触心理。

3. 新学校出丑。由于莉莉被负面情绪所控制，她伤心、怀念、孤独、敏感，所以在来到新学校的第一天就出现了各种问题，导致她的状态更加糟糕。

4. 家人情绪失控。一家人再和睦也有产生分歧的时候，由于莉莉受负面情绪的影响，在与爸爸交流的时候态度不好，激发了爸爸的负面情绪，一场家庭战争爆发了。

5. 莉莉是如何处理问题的呢？她选择了逃避，逃避的方式是离家出走。由于孩子处理问题的方式不成熟，他们常常会选择简单粗暴的方式，往往会导致各种危险事情的发生。

这是莉莉面对的问题，是引起她情绪爆发失控的原因，也是我们每个孩子都有可能面对的情况。

失控

电影中莉莉的感受肯定会引起孩子们的共鸣，他们离开熟悉亲密的家人到幼儿园、到小学等，都有一个适应环境的过程。不能适应环境的他们甚至会比莉莉搬家来到新学校的第一天更加难过和恐惧，更加不安和孤独。

第一个表现是心态失衡，负面情绪控制了她。即乐乐和忧忧被抛出大脑控制室。

第二个表现是过于敏感。莉莉在学校是一个新生，她渴望大家接纳她。由于负面情绪的作用，她思考的方式也是负面的，所以看到别人聚在一起就认为别人是在嘲笑她，情绪过于敏感。

第三个表现是焦虑与恐惧。这种焦虑的表现就是晚上做噩梦，梦中不仅再现了白天在学校的遭遇，而且以一种离奇的梦境呈现出来。电影还呈现了莉莉潜意识深处的秘密，给我们揭示了孩子们在成长过程中会受到各种重大事件的影响。

第四个表现是感觉功能的丧失。人在被某些负面情绪控制时会关闭其他感官，感受不到周围人的情绪，感受不到周围的环境，一味地沉溺在负面情绪中。所以电影呈现的是莉莉对环境失去感应，导致情绪崩溃。

第五个表现是信念的丧失。人在情绪失控时会无限放大事情的负面作用，缺乏理性思考问题的能力，原有的信念坍塌，人生没有目标感和价值感。电影呈现的是信念岛屿的相继崩塌，这对孩子来说是真正的打击，因为这种打击来自内部，是生命的自我摧毁。

第六个表现是行动失控。人在情绪失控和理智混乱的情况下会做傻事，有时候会违法犯罪，伤人性命或者造成严重的社会危害。电影中莉莉的做法是离家出走，不考虑安全和后续的生存问题。

孩子们通过电影能够体会到坏情绪是如何控制人，焦虑是如何让人感到不安，孤独是如何让人感到难过的。情绪失控让我们的生活混乱不堪，所以，我们要学会控制情绪，不能把自己的坏脾气带给身边的人。

电影带给孩子们的震撼是无法用语言描述的，电影让孩子们体验了情绪的种种变化与情绪失控带来的灾难性后果，也带给孩子们深刻的反思和警示。

控制

莉莉怎么做才能避免坏情绪的爆发？

莉莉来到新学校的第一天是带着不好情绪来的，她想念旧朋友，怕自己没有换衣服被同学们嘲笑，不愿意和其他人交流，所以她的第一天是不开心的。孩子一定要带着积极快乐的情绪到新的环境，其自身的开心快乐、积极阳光会让周围的人都阳光快乐起来。

学会控制自己的情绪，调整自己的状态真的很重要。如果你只会快乐那是傻乐，要让自己善于思考变得理性。如果你是郁闷孤独的，就要多想想开心快乐的事情；如果你是恐惧的，就要善于寻找对自己有利的积极因素，让自己获得安全感；如果你是愤怒暴躁的，就要善于让自己冷静和理智。冲动是魔鬼，让你变得不可爱。

电影的意义不仅在于让孩子们学会了解情绪，更让孩子们学会控制情绪，以一种积极的心态面对生活的一次又一次挑战。

忧忧

乐乐在影片中是主角，其实也是所有人的希望，因为我们都想永远快乐，不想要"负面的情绪"。

看似无用还总帮倒忙的忧忧最后发挥了作用，帮助对父母和新家感到失望并离家出走的莉莉重新回到父母的身边。忧伤提示我们某种价值正在失去，而我们内心是因为爱才舍不得的，同时忧伤是可以重新唤起爱的感受的。

忧忧常常让我们回到自身，关注自身的存在状态，没有忧伤就会失去对自身的感知能力，每一种情绪都不能缺少。这些情绪都是我们人类的自然属性，是属于我们的一部分。情绪无所谓好坏，都有它存在的价值。

这些情绪各司其职，分工明确，缺一不可。当乐乐和忧忧离开了指挥部，莉莉失魂落魄，离家出走，在汽车上面无表情，内心空洞。情绪的缺失会让人失去自我。

所以，我们要做的不是驱离忧伤，而是学会控制忧伤以及各种情绪。这是一个社会化的过程,也是一个长大的过程。

冰棒

电影中有个让我们印象深刻的人物——冰棒。谁来谈谈冰棒的故事?

冰棒是莉莉小时候幻想出来的玩伴。冰棒陪着莉莉一起唱歌,一起欢笑,一起坐着那辆小四轮玩具车,幻想着它像火箭一样,带着他们冲向天空。

后来莉莉长大了,到了新环境,交了新朋友,渐渐地,已经不需要这个想象的朋友像以前那样整天陪着她了。冰棒渐渐被莉莉遗忘,他在记忆球迷宫里,等着哪天能被莉莉想起。冰棒的大背包里装满了记忆球,都是关于他和莉莉的美好回忆。他偷偷地将这些记忆球藏起来,只是不想因为褪色被记忆清洁工发现扔进记忆深渊,这些记忆对他来说太重要了。

在记忆深渊里,不管是美好的还是难过的,都会随着时间慢慢消失。

电影呈现了一个成长与失去的故事,让孩子们懂得成长就是不断地与往事告别。随着成长,孩子们必然会和过去告别,迎接新的生活和新的朋友。所以我们既要珍惜过去,又要以乐观的态度面对未来。莉莉忘记了冰棒,不存在对与错,那是成长使然。所以我们要引导孩子正确对待得与失,珍惜老朋友。

电影让你想到了谁?谁曾陪伴你度过欢乐的时光?

电影沙龙

问题讨论一：电影中莉莉一家情绪大爆发，导致家庭矛盾纷争不断。这种情况对家长有什么启示？

问题启示：每个人都有正面情绪和负面情绪，正面情绪激发的是正能量，负面情绪激发的是负能量。所以当孩子们出现负面情绪时，家长千万不要与孩子对着干，负负相激，那就是家庭战争。家长一定要理智，不要让情绪失控，关注点放在解决孩子的问题上，而不是发泄个人的负面情绪。学会控制情绪不只是孩子要学习的人生技能，也是家长和老师需要学习的重要内容。

问题讨论二：当孩子升学、转学或者到一个新环境，思念旧朋友而不愿结交新朋友时，该如何引导？

问题启示：当孩子恋旧时，父母和老师要给予理解和认同，每个人都会有这样的时刻，而不只是孩子。这种状态说明孩子没有安全感，我们该怎样给予孩子心理上的安全感、学习上的兴趣感、处理问题上的成功感呢？孩子面对新环境，只有具有积极的心理状态，才愿意融入新的生活。

要教会孩子和往事告别，积极适应新的生活。

问题讨论三：电影中乐乐和忧忧这对对立的情绪被抛出控制室后经历了种种有趣的事情。他们都去哪些地方了？

问题启示：电影中大脑中的五个情绪小人，乐乐总能给大家带来积极的心理影响和快乐，所以孩子们肯定最喜欢乐乐。而忧忧好像只会捣乱，关键时刻只要忧忧一碰记忆球和控制台，莉莉马上就会不开心。乐乐和忧忧被抛出控制室后经历了一场冒险。

片中设计了一个庞大的大脑世界，里面的基础设施包括总部、记忆输送管道、个性岛、抽象思维空间、幻想乐园、造梦制片厂、潜意识牢房、记忆废墟、思维列车等。

问题讨论四：如何培养积极的正面情绪？

问题启示：我们常说人生就是一场修行，对成人来说是修行自己的心态和面对世界的态度，而对孩子来说是学会控制个人情绪，调动积极的心理状态和生命的正能量。

1. 接纳与生俱来的各种情绪，人有七情六欲，各种情绪都是我们的组成部分，是人格丰富性的重要因素。

2. 辨别哪些是负面情绪，哪些是正面情绪，了解负面情绪带给人的危害。

3. 先处理情绪再处理问题。遇到情绪失控时要学会冷静，不做任何决定，因为情绪失控时做出的任何决定都是错误的。

4. 学会及时调整心态，调动积极的正面情绪。遇到问题要找出解决问题的方法，而不是被问题吞噬。只要思想不滑坡，办法总比困难多。

5. 不能把个人的坏脾气、坏情绪带给身边的人。

一个成熟的人是能够控制自我情绪的，这样才不会让场面更加糟糕。乐乐、忧忧、怕怕、厌厌、怒怒纷纷登场，随时扳动脑内机关，随时启动任意模式。这是人的不成熟状态，而成熟的人表达情绪的方式不再是启动任意模式。

综合探究

1. 电影中乐乐和忧忧去过哪些好玩的地方?
2. 什么是负面情绪?什么是正面情绪?
3. 如何认识莉莉做的梦?梦是怎样形成的?
4. 如何认识莉莉的潜意识?什么是潜意识牢房?
5. 小丑是人们心中欢乐的代表,莉莉为什么害怕小丑呢?

有一种精神叫中国女排
——《夺冠》

广东省中山市龙山中学　石　硕

电影信息

导演：徐峥

类型：剧情

制片国家/地区：中国

上映时间：2019年

荐影理由

今天我们一起来赏析电影《我和我的祖国》中的精彩故事《夺冠》，这是一场让观众在欢笑中浸出感动泪水的电影。剧中的小学生冬冬为了让邻居们能够看到女排决赛的实况转播，排除各种困难稳定电视信号，而遗憾错过了与好朋友相见的机会。30多年后，冬冬与小美各有成就再次相遇，又一次见证了中国女排获得奥林匹克运动会冠军的盛况。在一路成长中，家国情怀一直在引导着他们前行。

观影准备

1. 知识准备

这部电影的时代背景是1984年8月8日美国洛杉矶奥林匹克运动会女排决赛——中国女排对阵美国女排。你知道本次夺冠在女排历史上有着怎样的意义吗？

1984年洛杉矶奥运会是第23届奥运会，中国女排第一次夺得奥运会冠军，首获世界大赛"三连冠"。从1981到1986年，中国女排实现了"五连冠"。

人们常说的女排精神，是一种怎样的精神？

女排精神是中国女子排球队顽强战斗、勇敢拼搏精神的总概括，其具体表现为：扎扎实实，勤学苦练，无所畏惧，顽强拼搏，同甘共苦，团结战斗，刻苦钻研，勇攀高峰。

2. 活动准备

准备家庭亲子小游戏：背上写字你来猜。

目的：促进亲子交流与沟通；促进身心交互，用身体感知世界，促进身体与情感的联系；联想岳母刺字的家国情怀。

电影精读

小美要走了，冬冬的心情如何？

小美和冬冬是一起学乒乓球的好朋友。这一天冬冬突然得知小美马上要随家人去美国上学了，刚开始他特别惊讶与不舍，然后就准备了一份礼物想送给小美。由于小美当天就要坐飞机离开，冬冬十分急切地想见到小美。

这场女排决赛，为何会牵动那么多人的心？

1984年之前，中国女排已经实现了世界大赛的两连冠，中国民众对中国女排的热议度和支持度非常高。1984年奥运会决赛，是中国女排有可能夺得奥运冠军的重大机遇，是值得关注的一件大事。与此同时，在上海石库门弄堂，左邻右舍的人们为了能见证这一伟大的历史时刻，从家里搬出收音机、电视，前排马扎、后排椅子，层层叠叠聚在一起观看激动人心的比赛。每当中国队得分，欢呼声仿佛能穿破天际。

冬冬每次都错过了与小美的相遇，原因有何不同？

第一次冬冬错过与小美的相遇，是因为小美的妈妈说她们要赶飞机来不及相见。第二次错过，是因为冬冬"坚守岗位"正在屋顶稳定天线信号，而小美因为找不到屋顶入口而错过机会；决赛结束，冬冬完成了稳定信号的任务，想去找小美，结果被激动的邻居们当成"小英雄"围住欢呼庆祝，又一次遗憾错过。

每次"学女排，见行动"的出现对冬冬产生了怎样的影响？

《夺冠》一开始，在冬冬和小美的乒乓球训练场上，就出现了一条横幅"学女排，见行动"。对于初学乒乓球的冬冬来说，是以文化浸润的形式将女排精神的"种子"种进心里。在故事的中间部分，弄堂里的邻居聚在一起看女排决赛的时候，也出现了"学女排，见行动"的横幅，表现出女排精神已经深入人心。大家都普遍受到女排精神的鼓舞，冬冬也不例外。最后一次出现"学女排，见行动"的时候，冬冬受到女排精神的感召，为了让大家看到比赛转播，他毅然放弃了见小美的最后机会，将顾大局的精神化作实际行动，可谓是种子的生根发芽。

电影沙龙

设计目的：通过亲子之间、师生之间共同讨论电影，让家长了解培育孩子家国情怀的重要性和途径，在学校、教师的共同努力下，让家国情怀在学生心中生根发芽，引导孩子茁壮成长。

问题讨论一：冬冬是如何懂得修理电视信号的？

【提示】冬冬只是一个小学生，他也许是在生活中学习到了这个技能。那么谁可能教给他呢？从邻居谈话的细节可以找到线索。

冬冬的爸爸是一位八级电工。从邻居的言谈中，爸爸把这门技术传授给了冬冬，于是冬冬也成了修理电视信号的一把好手。

问题讨论二：冬冬可能是受到了爸爸的哪些影响，成长为一个独立、有担当的小学生的？你是如何看出来的？

【提示】回顾电影中冬冬爸爸出现的情节，也许对你有所帮助。

冬冬爸爸接到11弄堂电线坏了的消息，就急匆匆地拿了工具就走，走之前交代冬冬自己吃饭。可以看得出冬冬的爸爸是一个有责任心的人，这种成长环境造就了冬冬独立、自主和有担当的性格，他长大后也会成为一个对社会、对国家有用的人。

问题讨论三：家长如何培养良好家风？

【提示】家风又称门风，指的是家庭或家族世代相传的风尚、生活作风，即一个家庭的风气。家风是给家族后人树立的价值准则。可以跳出电影，从生活作风、家庭氛围、价值准则、精神传承等方面来谈。

家长要言传身教，身体力行，树立良好家风，使得孩子耳濡目染，培育孩子正确的世界观、人生观、价值观。苏霍姆林斯基曾说："对一个家庭来说，父母是根，孩子是花朵。"想要花朵开得鲜艳美丽，首先得保证根能持续提供养料。

问题讨论四：女排精神与家国情怀之间的关系是什么？

【提示】家国情怀是中华优秀传统文化的基本内涵之一。所谓家国情怀，是主体对共同体的一种认同，并促使其发展的思想和理念。其基本内涵包括家国同构、共同体意识和仁爱之情，实现路径强调个人修身、重视亲情、心怀天下。

女排精神是家国情怀的一个缩影，女排精神是在拥有家国情怀之下聚焦于中国女排的具体表现，是中国女排全体成员对家国情怀的具体践行。

问题讨论五：在1984年第23届美国洛杉矶奥运会女排小组赛上，中国队以1∶3负于东道主美国队，却在冠亚军决赛上再逢对手。你认为在决赛前中国女排是如何调整心态的？女排精神发挥了怎样的作用？

【提示】回顾前面所讲的女排精神，再设身处地地假设你是中国女排的一员，你会如何调整心态？

在决赛前，中国女排总结了小组赛的经验教训，重新布置战术策略。平时扎扎实实，勤学苦练，到了关键时刻就要敢想、敢拼搏。遇到挫折时，不气馁，顽强拼搏，咬住每一个比分，不到比赛最后一秒钟决不放弃。

综合探究

1. 回答问题

电影精彩，相信你的人生会更加精彩。你是否可以尝试回答以下问题呢？

（1）假设冬冬长大后成为中国男子乒乓球教练，而小美长大后成为"海龟"物理学家，在他们成长的道路上可能遇到过哪些困难？在个人遇到困难时，女排精神是如何影响他们的？

（2）家国情怀是如何影响个人发展的？怎样才能把个人命运

与国家发展紧密联系起来?

(3) 我们每个人应如何在生活中践行女排精神、家国情怀?

2. 问题征集

假如你对女排精神、家国情怀还有其他的理解或想法,请在下方留言并说出你的观点,我们来一起分享,互相启发。

永不放弃，尝试一切
——《疯狂动物城》

福建省福州市闽清县东桥镇中心小学　　张秀明

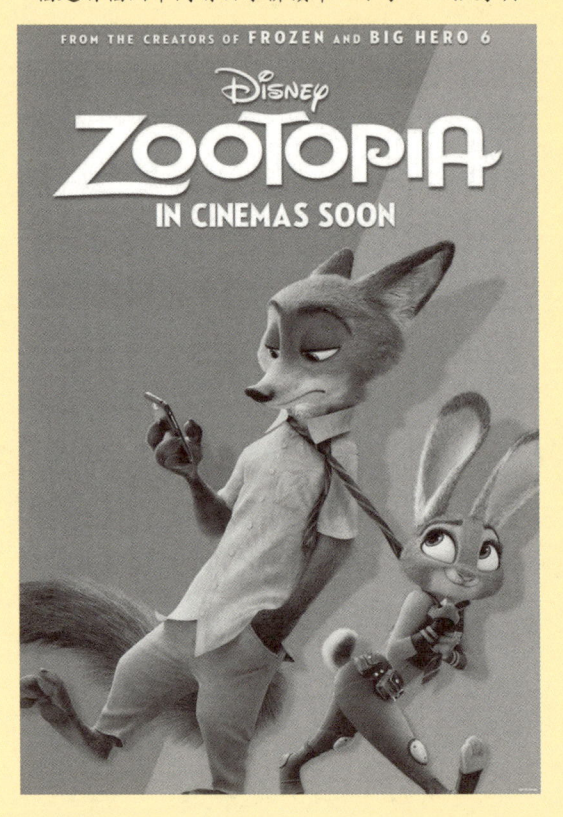

电影信息

导演：拜伦·霍华德 / 瑞奇·摩尔 / 杰拉德·布什

类型：动画 / 动作 / 冒险

制片国家 / 地区：美国

上映时间：2016 年

荐影理由

动画片是孩子的最爱，好的动画片成人也一样喜欢。《疯狂动物城》是迪士尼动画工作室第55部动画长片，萌萌的动物造型会让小朋友们迅速喜欢上，惊险跌宕的破案情节会让大朋友们舍不得把眼睛从屏幕上移开，对梦想的坚持、对偏见的破除让大小朋友看完了还久久回味。

观影准备

1. 了解食草动物与食肉动物的一些特点。
2. 了解树懒、小鼩鼱等一些动物的生活习性。

电影精读

这部电影讲述的是萌兔朱迪在动物城疯狂实践自己理想的故事，"我要让世界变得更美好""我永不放弃"，这两句话在电影中出现多少次，观众就会被感动多少次。这只外表看似柔弱内心却无比强大的兔子给我们满满的正能量：1.对梦想的无比坚持。即使父母劝告，即使被肉食动物欺负，即使被尼克嘲笑，也永不放弃对梦想的追求。2.欣赏彼此的差异。朱迪虽然觉得狐狸尼克狡猾不靠谱，但还是努力与之合作，并且不断发现尼克身上的优点和善良的本性，通过自身的言行不断影响尼克；尼克在与朱迪相处的过程中，也觉得做一件好事会让自己幸福，不用偷偷摸摸地活着。最终两人彼此信任，成为亲密的合作伙伴。3.对本职工作尽心尽力、尽善尽美。梦想破大案的朱迪被牛局长安排当交通协警，虽然心理落差很大，但是也兢兢业业做好自己的本职工作，并且凭着初生牛犊不怕虎的精神，破获了"午夜嚎叫"的案件，获得所有人的认可。

这部电影中每个角色的刻画都含有深意，细致入微，用动物来刻画出人性，或是天性，或是自然，每一种动物都有他们的欢喜与无奈，这是对现实社会的隐喻，也是对理想社会的寄托。

理想很丰满，现实很骨感

影片中兔子朱迪代表的是理想，狐狸尼克代表的是现实。朱迪的梦想是当一名警察，让这个世界更美好。尼克的梦想是每天挣200元钱。

朱迪刚刚步入社会，对一切都充满好奇，百折不挠，不达目的誓不罢休，浑身充满了正义感，她是美好的化身。可是现实呢？父母告诉她当一只快乐的种胡萝卜的兔子就可以了。她来到动物城的第一天，就被邻居吵得睡不着；进入警官学校，被一群强大的食肉动物嘲笑，虽然是一名优秀学员，却没有被委以重任。

理想有多美好，现实就有多残酷。理想有多伟大，要经受的磨难就有多巨大。

朱迪涉世未深，而尼克已经在动物城混了20年，这20年里，他肯定看透了周遭的一切。幼小的尼克也有美好的梦想，要当一名童子军，他的梦想被现实击垮了，所以变成了一名奸商，认识所有的人，做各种能获取暴利的生意，比如卖臭鼬皮地毯、卖瓜子冰棍等。9岁以前的尼克不是这样的，他勇敢、乐观，向往正义，愿意放弃一切去参加童子军，但是一群食草动物小伙伴伤害了他，使他彻底失去了安全感和归属感。那一夜，他肯定很难熬。于是，狡猾、奸诈、无利不图成了尼克的保护色，让自己变得强大不会受到伤害，但再也没有知心的朋友了。现实生活中肯定有很多像尼克这样的人。

朱迪坚信在动物城，谁都能拥有无限可能，并且永不放弃这个信念，从而实现了儿时的梦想，实现了自己的人生价值。

人生道路有很多条，你是想成为永不放弃的兔子朱迪，还是想成为屈服于现实的狐狸尼克？答案在自己心中。

教育启示

虽然现实很骨感，但是理想的实现必须立足于现实，不经历风雨怎能见彩虹！马云说得特别好："今天很残酷，明天更残酷，后天很美好，但绝大多数人死在明天晚上。"做兔子朱迪，你才能见到后天的美好。

偏见无处不在

"你是一只只会种萝卜的兔子。"这句话的潜台词是你就应该老老实实待在家里，就应该乖乖听父母的话，逞强除恶不是你的事。

"可你是只狐狸。"这句话的潜台词是你狡猾，你奸诈，好事与你沾不上边，应该离你远远的。

这就是贴标签，这就是偏见。

朱迪在第一天上班的时候，原本已经出门，但还是回来把防狐狸喷剂带在身上，说明在她的内心深处对狐狸也是有偏见的。

大型动物认为小型动物没有用，公牛、大象、犀牛、狮子、老虎等警官，没有谁认为兔子能成为合格的警官，就因为她是一只兔子，而兔子就是柔弱的代表。

朱迪就是因为根深蒂固的偏见才轻易地相信了精神病医院蜜獾医生的观点："兽性大发的只有食肉动物，也许和生物学有关，在他们的DNA里，保留着几千年以前食肉动物捕猎的本能，不知为什么，他们好像回归了原始、野蛮的本性。我们需要警惕。"不是因为蜜獾医生说得有道理，而是朱迪的成长经历中有过被狐狸攻击的童年阴影，加上兔爸兔妈的防御文化灌输，她轻易就认同了这一观点。

就因为偏见，羊副市长助理才容易蒙混过关。整部电影充斥着不同物种、不同文化、不同阶层之间的偏见，而在现实世界里，偏见也无处不在。

魏智渊老师说："人总是倾向于相信与自己原有立场或信念相一致的信息或分析，哪怕漏洞百出。"

这部电影委婉地告诉我们要消除偏见。弱小的兔子可以比凶巴巴的牛局长强大；大先生是那么小，小到在熊的掌心里，而庞大的熊只是其手下；最慢的树懒却在最热闹的市区开最快的车……这些都隐喻着要重新看待问题。

> **教育启示**
>
> 正如夏奇羚所说的:"希望以前那个疯狂、美丽、多样化的城市重新回来,让大家为不同而骄傲。"夏奇羚呼唤和平,呼唤包容,抵制纷争,抵制对抗。确实,当今世界一体化的大格局,需要我们摘掉有色眼镜,以更加包容的心态来看待世界。
>
> 尼克说:"我绝不让别人知道他们影响到了我;如果整个世界都觉得狐狸奸诈狡猾,那我也没必要变成别的样子了。"教育工作者要时时刻刻警惕戴着有色眼镜看人,警惕因自己的成见、偏见让一个或几个孩子变成"尼克"。

乌托邦

《疯狂动物城》的英文名是 Zootopia。有网友说"疯狂动物城"抹杀了英文 Zootopia 中重要的隐含信息。在英文名中,"zoo"是动物园的意思,"topia"是希腊文中"地方"的词根。这个希腊词根经常出现在一个英文词中:utopia,即"乌托邦"。因此,电影更准确的译名应该是"动物乌托邦"。作为理想社会的代名词,乌托邦源于 16 世纪英国学者托马斯·摩尔的同名著作。在那本书中,摩尔虚构了一个拥有完美社会体制的小岛,不但废除私有制,而且实现了人人平等。在理想制度的保护下,小岛上的居民充分享受自由。现实社会中的贫困与罪恶也不存在于这个小岛上。

用动物城影射现代社会，野蛮与否不是看动物外在所表现出的力量，而是看动物的内心。心中有爱与正义，看似野蛮的动物也是建设乌托邦动物城所需要的！书中的理想社会不是现实社会，但却是所有人需要共同努力实现的，只有所有人抛弃对他人的偏见，共同建设我们的社会，才真正有机会建设成心中理想的乌托邦！

教育启示

教育需要"永无岛"，教育需要"乌托邦"。唯有如此，教育才能如其所是。

电影沙龙

到了警察学校的朱迪，经历了魔鬼般的炼狱，北极熊教练、黄鼠狼对她的称呼一直有变化：兔宝宝—死萝卜头—小山妞—小毛球—毛兔兔—蠢兔兔—平脚怪。最后朱迪却成了警察学校毕业典礼上的演讲嘉宾。朱迪坚信在动物城，谁都能拥有无限可能，并且永不放弃这个信念，从而实现了儿时的梦想，实现了自己的人生价值。召唤、上路、磨难、回归、庆典，每个环节都很完整，《疯狂动物城》首先是朱迪英雄的旅程。

问题讨论一：电影名为什么用"疯狂"一词？你想在哪些事情上也疯狂一把？

学生角度：要知道，兔窝镇有8000多万只兔子，只有朱迪的梦想是到动物城当一名警察。这个念头对所有兔窝镇的兔子来说，真是太疯狂了！

弱小的食草动物朱迪要与一群外表无比强大的食肉动物在同一个警官学校训练。她是唯一的食草动物，真是太疯狂了！

食草动物与食肉动物接受相同的训练，真是太疯狂了！

朱迪成为优秀毕业学员，真是太疯狂了！

朱迪利用自己天生的奔跑能力、超强的跳跃能力、灵敏的听力、敏捷的身手、仔细的观察能力、准确的模仿能力、熟练的数码应用能力，成功破了动物失踪案，真是太疯狂了！

朱迪改变了尼克，让尼克也成为一名善良的优秀警察，真是太疯狂了！

家长角度：人民教育家陶行知先生说："人人都说小孩小，谁知人小心不小。你若小看小孩子，便比小孩还要小。"确实是这样，孩子很多时候是大人学习的榜样，他们身上有很多东西值得成人好好学习。作为家长，我们不要轻易否定孩子的梦想。

老师角度：你觉得梦想太疯狂，那就全力试一试，没准就实现了。你觉得偏见太疯狂，那就试一试用心相互理解，没准我们就能互相包容，和平共处。你觉得人性太疯狂，那就努力尝试，没准我们都能实现自我。

问题讨论二：许多父母，许多教育者，不但没有在孩子纯净的心田植入美丽的梦想，反而自以为是地破坏孩子好不容易拥有的梦想。他们被世俗的功利心同化了，总担心孩子会遇到困难与挫折，然后自以为是地把自己的想法强加给孩子。很多父母总想让孩子按照自己的意愿活着，或者总喜欢给孩子安排一切，以为这才是爱孩子。纪伯伦说：

> 你们的孩子并不是你们的孩子，
> 他们是生命对自身的渴求的儿女。
> 他们借你们而来，却不是因你们而来，
> 尽管他们在你们的身边，却并不属于你们。
> 你们可以把你们的爱给予他们，却不能给予思想，
> 因为他们有自己的思想。
> 你们可以建造房舍荫蔽他们的身体，但不是他们的心灵，
> 因为他们的心灵栖息于明日之屋，即使在梦中，你们也无缘造访。
> 你们可以努力仿效他们，却不可以企图让他们像你们，
> 因为生命不会倒行，也不会滞留于往昔。

家校联手：孩子只是借我们而来，如果能领悟到纪伯伦《论孩子》的真谛，我们就会为孩子找到梦想而欢欣鼓舞，会默默祝福孩子前行，会不断鼓励孩子坚持不懈。我们要做的就是扶一把，帮一把，走弯路的时候指引一下。

问题讨论三：你会和狐狸尼克这样的人成为朋友吗？为什么？

学生角度：当和父母的意见出现分歧时，你会怎么做？这是成长过程中必然会遇到的事情。可以选择和父母好好商量，也可以用自己的行动向父母证明自己的选择是正确的。如果父母无法沟通，或无法从父母那里得到答案，可以问问朋友，问问老师，问问与你有同样困惑的人。办法总比困难多。

家长角度：孩子的未来充满无限的可能性，会做出许许多多的选择，有些选择是对的，有些肯定会是错的。我们要尊重孩子的选择，不要替孩子做出选择。当孩子要和尼克这样的人交朋友时，我们首先要做的不是担心，不是否定，不是阻挠，而是和孩子一起分析，一起尝试，需要给孩子试错的机会，孩子的心智才会真正成熟。

老师角度：我们要蹲下身子来看看孩子，听听孩子的想法。他们心里藏着很多我们不知道的秘密，而我们却总以过来人的身份进行训诫。我们需要从这部电影中获得启示：让孩子尝试一切。

问题分析：我们经常带着自己的成见、偏见否定孩子。作为教师，作为父母，我们需要扪心自问："我们了解孩子吗？我们理解孩子吗？我们知道孩子的梦想吗？"要教育孩子，必须要了解孩子，要善于从各方面了解孩子，理解孩子，这是教育的前提。我们还要学会信任孩子，发掘孩子每一个闪光点。信任孩子是教育的基本原则，它能促使孩子克服困难，获得成功的体验。

家校联手：我们要做孩子的助推器、助燃剂。朱迪在最后的演讲中提出了自己的主张："我们都有局限性，都会犯错，但是乐观地来说，我们也都很像。我们越是努力了解别人，越会变得出色，但凡事都要去尝试。不管你是什么类型的动物，从巨大的大象到一只兔子警官，我恳请你们，努力尝试，让世界变得更美好。审视自己的内心，从改变自己开始，从我做起，从我们做起。"我们应像孩子一样拥有一颗美丽的心灵，再和孩子一起筑起一个美丽的梦想，然后一起拥抱美丽的明天。

活动设计

学唱主题曲《尝试一切》。

回家路漫漫，真爱相陪伴
——《熊猫回家路》

湖北省武汉市"数学花园"教育体验中心　钱　萍

电影信息

导演：俞钟

类型：剧情 / 家庭 / 儿童

制片国家 / 地区：中国

上映时间：2009 年

荐影理由

电影讲述了小男孩小卢帮助一只小熊猫重返妈妈身边的故事。观看这一部单纯、阳光、美好的影片,结合此次疫情,从小卢与熊猫之间的故事、科学家与熊猫之间的故事,让孩子们多方位去思考我们该如何与动物相处。

观影准备

知识准备:大熊猫是中国特有的珍稀动物,黑白相间的外观就是它们在雪地里生活的保护色。它们是"中国国宝",已经在地球上生存了至少 800 万年,因此被称为地球的"活化石"。

大熊猫生活在高山上云雾缭绕的茂密竹林里,因为很难看见彼此,所以它们都是用气味标记自己的栖息地。标记的气味能让它们分辨哪里是自己的地方,哪里是别人的地方。这是它们在竹林里保持和平相处的秘诀。

电影精读

电影从雨夜里的回忆开始……

封闭自我

一场大火让男孩卢娃子失去了爸爸妈妈,也失去了家,独自生活在森林里的老陈收留了年仅 12 岁的他。在卢娃子看来,老陈收留自己要么是出于同情,要么是把自己看成一个廉价的劳力。他每天做饭砍柴不说一句话,老陈面对沉默的卢娃子也不多言,依旧进山打猎、卖竹子。两人之间很疏离。

积雪未融的早春,这天,老陈和卢娃子在山里发现一只熊猫妈妈带着两只熊猫宝宝在竹林里嬉戏,调皮的小熊猫爬树、打闹、吃竹子一刻不停。

在那个年代,大熊猫还并未被人们了解,它们生活在深山里,人们很少见到它们,科学家们很想对它们做更多的科学保护研究。

于是,老陈打电话叫来了科学家小冯。小冯认为熊猫妈妈生育双胞胎后,因无法照顾周全,一定会遗弃其中一只,因此,他急于把被舍弃的那一只带回去研究、养育,和他一起闯进小屋的还有用来关小熊猫的大笼子和粗粗的铁链……

教育启示

从影片中我们看到:卢娃子在遭遇巨大的灾难后不再说话,他思念父母,不相信老陈,对为捉小熊猫而来的小冯充满警惕与敌意。孩子们面对生活中的重大变故,无力承受,也不懂表达,容易被成人忽略。疫情期间,不妨用科学而合适的方式向孩子们讲解新冠病毒,避免孩子们被未知的恐惧所惊吓。

倾力去爱

一只小熊猫因贪玩远离了熊猫妈妈,在小冯、老陈和猎狗的追逐下,逃向悬崖,抱着断裂的树枝掉进了湍急的河流中……挣扎上岸后的小熊猫这里闻闻,那里嗅嗅,都不是家的味道。它要回家，但一路上危机四伏。

天色渐暗，突降大雨让山路格外泥泞湿滑，老陈他们不得不暂时放弃追赶。小熊猫因又惊又怕，失足滚下高坡，昏迷过去。

一夜放晴，卢娃子上山砍柴的途中，发现了奄奄一息的小熊猫。为了躲过老陈和小冯，他将小熊猫背到远处的破石屋里。

卢娃子用自己的体温温暖着小熊猫，抚摸着小熊猫。他想向小熊猫表达，艰难地开了口："我……我不想……让你死。我……从来……从来就没有朋友，我……我希望……你能当我的朋友。"

为了小熊猫不被捉到，卢娃子施计，使老陈和小冯在山里遍寻小熊猫的踪迹而不得，决定进山去寻找其他熊猫。

卢娃子尽自己所有的努力照料着小熊猫，他的话也越来越多。他给它唱催眠曲，向它诉说对爸爸妈妈的思念，教它爬树。和小熊猫在一起，他觉得自己再也不孤单了。

教育启示

从影片中我们看到：对小熊猫伤情的牵挂和对它面临追赶的担忧，都在卢娃子沉寂已久的内心里激起了涟漪，他想尽办法去照顾小熊猫。在这倾心付出爱的过程中，他自己的心扉也不知不觉地打开了。从他对小熊猫开口说话时起，他心中的爱便涌动起来。

付出爱的时候，便是自己重新获得爱的契机。

用爱回家

卢娃子为小熊猫砍竹子时,熊猫妈妈焦急的嘶吼让他陷入了纠结:他非常享受拥有小熊猫的快乐时光,让他不再孤独,但是熊猫妈妈失去孩子的痛苦也让他非常难受。

此时,陷入纠结的不只是卢娃子,还有老陈。为了寻找卢娃子,老陈来到石屋,意外发现卢娃子正抱着小熊猫在睡觉,他感受到了孩子与熊猫之间真挚的情感,却又挡不住生计的诱惑。

最开心的当然是小冯,能把小熊猫带回去,是他们研究所所有科学家的梦想。小熊猫终究还是被装进了笼子。

半夜,趁着老陈和小冯熟睡之机,卢娃子悄悄救出小熊猫,用竹篓背着它,要将它送到妈妈身边。

一路跟跟跄跄,卢娃子累瘫在刺骨的河水里。当听到追赶声越来越近时,他急切地向小熊猫喊道:"快走啊!快走啊!找你妈妈去!"频频回头不愿离去的小熊猫在熊猫妈妈的呼唤声下,终于奔向了家的方向。

"你要记得我啊!"卢娃子的泪水和爱感动了追上来的小冯和老陈。

小熊猫又回到了妈妈的怀抱,亲昵地撒着娇。伤心的卢娃子扑进了一脸疼爱的老陈的怀中,他找回了一个有爸爸的家!

教育启示

从影片中我们看到:因为爱小熊猫,卢娃子想拥有它,让它成为陪伴自己的朋友;同样是因为爱小熊猫,卢娃子又送它回到妈妈的身边,希望它过得更快乐。真正的爱,不是自己拥有,而是付出。而卢娃子也在打开自己的心扉后,得到了自己期待的家。回家的路,是用爱铺就!

电影沙龙

《熊猫回家路》讲述的既是迷路小熊猫回家的故事,也是小男孩卢娃子重新拥有家的故事。围绕熊猫,卢娃子、老陈和小冯有着不同态度。

问题讨论一:你如何看待小冯对熊猫的态度?

同学们不妨一起讨论:有人认为小冯是坏人,他要将小熊猫关进笼子里,让它离开自己的妈妈;也有人认为小冯是科学家,不是坏人,他带走小熊猫不是要伤害它,而是要研究它、了解它。你怎么看呢?

问题分析:引导学生们关注小冯的变化。

刚开始,小冯执意要带走这只小熊猫是因为科学家们认为"生了双胞胎的熊猫妈妈一定会舍弃一只",他们带走它,既是救助它,也是为更好地研究熊猫。他们并没有去捉熊猫妈妈和另一只小熊猫。

后来,听说熊猫妈妈还在寻找这只失踪的小熊猫时,小冯发现事情和他们想的并不一样,也困惑了。

影片最后,卢娃子的真情感动了他。当看到小熊猫回家后熊猫一家的欣喜,他改变了自己的看法:"熊猫应该回到妈妈身边,只有妈妈才会给它最好的照顾，我们要的不是这只，我们会找到需要帮助的小熊猫！"真正的科学研究一定不是冰冷的数据。

问题讨论二：你如何看待卢娃子对熊猫的态度？

同学们不妨一起讨论：什么是爱？拥有就是爱吗？如果是你，你会送小熊猫回家吗？小熊猫回家后，卢娃子就失去了它的爱吗？

问题分析：从影片中，我们看到卢娃子倾尽全力照顾小熊猫，确实是爱小熊猫，小熊猫也需要他的照顾。但是当小熊猫的伤好了以后，它最需要的是什么呢？它最需要的是回到妈妈的身边。虽然卢娃子非常想让它做自己的好朋友，一直陪伴自己，但这已经不是小熊猫需要的爱了，这就和小冯要把小熊猫带离妈妈身边再去帮助它一样。

应和动物用彼此最需要的方式相处，用最美好的爱祝福。

卢娃子送小熊猫回家后，一直很想念它。几个月后，当他再次在山坡上吹起笛子时，小熊猫循着笛声奔向他，他们和以前一样嬉戏玩耍。当熊猫妈妈呼唤它回家时，他们便依依不舍地告别。虽然卢娃子和小熊猫不能每时每刻都待在一起，但他们之间的爱从未消失。

活动设计

请孩子们讲讲他和小动物之间的故事。

在有限的家庭中创造无限的爱
——《宝贝老板》

河南省济源第一中学　　侯志强

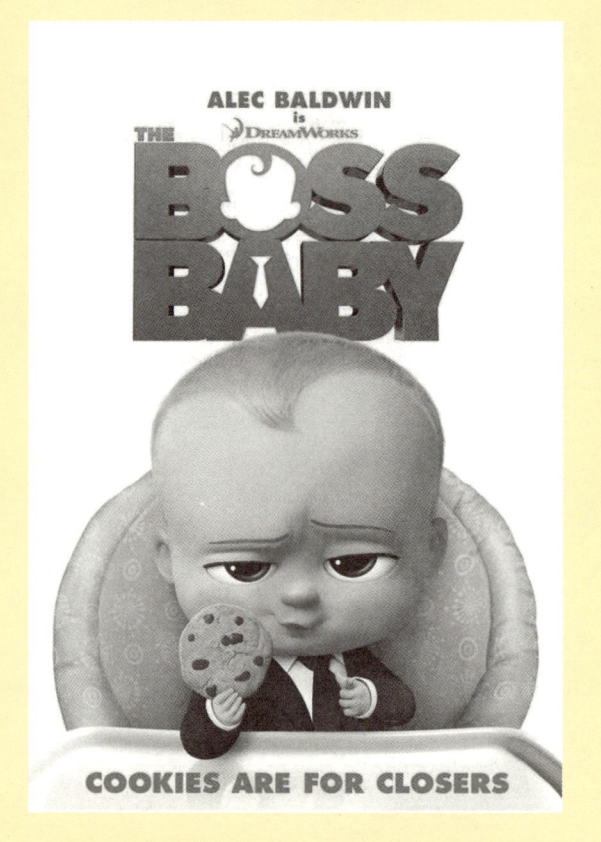

电影信息

导演：汤姆·麦格拉思

类型：喜剧 / 动画

制片国家 / 地区：美国

上映时间：2017 年

荐影理由

这部电影温暖又具有心理疗愈作用，解决的问题是在中国开放二孩政策的背景下孩子们如何面对家庭里的兄弟姐妹，引导孩子们通过积极的心理想象，从明白爱到学会分享爱再到懂得付出爱，进而洞察爱的真谛。准备要二孩的家庭也可以借助此片给孩子进行心理预设。

观影准备

1. 知识准备

你知道小宝宝是从哪里来的吗？爸爸妈妈是怎么告诉你的？

捡破烂儿捡来的，石头缝里蹦出来的，充话费送的，从人贩子手里买回来的，从网上下载来的，逛街的时候花两元钱买来的，妈妈玩泥巴的时候捏出来的……

其实，真相是这样的：爸爸妈妈相爱了。有一天，爸爸把其中一个小种子放进妈妈的肚子里，它和妈妈肚子里的另外一个小种子结合在一起，那就是你。然后你就在妈妈的肚子里慢慢生根，慢慢发芽，慢慢长大，慢慢能听到声音，也会动弹了。等到你快有小熊玩具那么大的时候，你就会觉得妈妈身体里太黑了，开始又踢腿又晃脑袋，想要出来。但是，你需要在妈妈的肚子里待够十个月才能出生。十个月后，当大脑袋的你长得足够大时，能够经历风雨了，就努力地想从妈妈的肚子里出来。妈妈就会到医院里，请医生和护士阿姨帮忙，把你拿出来。你很棒，正是你努力地生根发芽，才让爸爸妈妈遇见了你。

2. 活动准备

准备家庭亲子小游戏：模拟宝宝出生过程。

目的：通过活动加强亲子之间的交流与沟通，为观看电影做准备的同时，帮助孩子理解自己（或自己的兄弟姐妹）出生的奇妙过程。

⭐ 电影精读

这部电影的主人公是谁？

你认为这部电影的主人公是谁？提姆和弟弟之间是什么关系？

不同的孩子有不同的回答。有的孩子说：电影的主人公是提姆，因为电影主要呈现了小男孩提姆的成长过程。有的孩子认为：主人公是弟弟，因为弟弟在电影中也是成长变化着的。

谁才是真正的主人公呢？电影中谁的成长变化最大谁就是电影的主人公。

你们猜到真正的主人公是谁了吗？

提姆遇到了什么问题？

电影中的小男孩提姆遇到了什么困难呢？

提姆是一位脑洞大开的7岁小男孩，本来是受到父母独宠的宝贝。这对提姆来说，这是稳定的三角形关系，以至于当爸妈跟他商量是否喜欢给他要个弟弟一起玩的时候，提姆断然拒绝了。人都不喜欢改变良好的现状，也不容易接受不确定的改变。

然而，小孩的心思特别敏感：他看到妈妈的肚子变大，爸爸妈妈的精力更多地从他身上移走，然后一个弟弟"从天而降"，并且还是一副小老板的派头。一家人所有的情感、物质资源全部被弟弟夺走，连爸爸妈妈专门为他创作的歌曲都被拿去哄这个弟弟了。

这就是提姆遇到的困难：当父母只有一个孩子时，那个孩子就是独享父母之爱的人；当父母拥有多个孩子时，则不可避免地出现了竞争——爱的竞争。如果你的兄弟姐妹比你优秀很多，或者需要你照顾、需要你忍让、需要你放弃的时候，你会变得更宽容博爱还是嫉妒无比？你该何去何从？

提姆是如何解决这个问题的？

那么提姆是如何解决这个问题的呢？这要分为三个阶段。

第一阶段：争夺。提姆先是感到十分失落无助，继而是愤怒。他认为弟弟抢走了原本属于他的爱，于是开始了爱的争夺战。通过悄悄侦察，他发现了一个惊天秘密——这个弟弟并不像他看起来那么单纯无辜，他穿得像个老板，是个来自宝贝公司肩负重任的优秀员工。他决定向父母揭开真相。然而，在和弟弟的争斗中，他发现自己极为无助：明面上，弟弟耍宝卖萌撒娇扮弱争得了父母所有的宠爱和怜惜；暗地里，弟弟智力超群、心思缜密且口才不俗，各方面强大的能力全面碾压着他。作为哥哥的他，在弟弟面前反倒像一个婴儿一般弱小。最终，在争夺录音磁带的飞车终极对决中，提姆以被父母关禁闭的方式一败涂地。

第二阶段：合作。然而不打不相识，在逐步沟通了解中，他们了解到了更多离奇的东西：宠物公司的控制者有一个阴谋，要用宠物狗来争夺人们对婴儿的宠爱；而宝贝公司的高层则对弟弟下达了最后通牒——两天内探得宠物公司的密谋，否则他将会被驱逐出公司，永远留在提姆的家中作为普通婴儿慢慢长大。弟弟永远留在这个家，是两人都无法接受的结果。这成为兄弟俩首次合作的基础——完成宝贝公司的目标，弟弟就离开这个家，所有的爱由提姆独享。最终，经过通力合作，斗智斗勇的不懈努力，他们打败了阴谋家。他们俩都得偿所愿：弟弟升职加薪，坐进了有黄金马桶的高档办公室；提姆则如愿以偿地独享了父母的爱。

第三阶段：失落和接纳。然而好景不长，得偿所愿的兄弟俩并未得到期待中的安宁——两人都在相互磨合、彼此合作的过程中适应了对方，认可了对方，甚至习惯了对方，兄弟齐心，其利断金的经历和感觉早就烙刻在两人的灵魂印记中，岂能从生命中生生抽离！最终提姆提笔写信，向弟弟一诉衷肠：

亲爱的宝贝老板，我不经常写信，但是现在我知道备忘录有多重要了。就算我没上过商业学校，我也在幼儿园里学会了分享。如果没有足够的爱分给我们的话，那我将会给你我所有的爱。

本就因怀念过往而闷闷不乐的弟弟看到这封信后欣喜若狂，当即做出重返家园的决定。终于二人由衷地接纳了彼此，而他们的家庭，也从一个三角形变成了一个爱心，和开头遥相呼应。

电影沙龙

设计目的：一方面通过亲子之间、师生之间共同讨论电影，了解孩子的想法，知道他们内心深处的不安与焦虑；另一方面通过电影引导孩子学会分享父母的爱，学会付出自己的爱。

问题讨论一：爱是什么？爱是有限的吗？

【提示】小学中段孩子们从小以接受父母长辈的爱为主，习惯了接受，少有付出。对他们而言，爱是理所当然的事情。当察觉到有人来"分割"他们得到的爱时，他们难免与家长或自己的兄弟姐妹产生各种问题。因此，怎样理解和处理父母的爱，就是解决这些问题的基础。

在影片中，弟弟对提姆说道：

> 没错！你老了！是时候给下一代让路了。这个世界就是如此，你永远不会向父母要旧玩具，每个人都想要新的东西。算算吧，孩子，只有那么多的爱。就像这些珠子，你曾经拥有父母所有的爱、所有的时间、所有的注意力。但后来我来了。婴儿要花很多时间，他们需要很多关注，他们得到了几乎所有的爱。听着，爱的总量不会增加的。我们俩的爱不够，没有足够的珠子（爱）。然后，突然间，提姆就没地方了，提姆不再适合了。所以保持安静，别挡我的路，否则会裁员的。

是的，每个二孩降临的时候，在长子的眼中，尽管二孩们不会真正讲话，但他们的卖萌、他们的哭闹、他们的衣食住行病，无时无刻不在印证着"弟弟"所说的话，抢夺着原本属于他们的爱。很多父母在二孩出生后对长子心怀愧疚，恐怕也是同样的想法。综艺栏目《奇葩说》有一次的辩题是：生二胎必须经过老大同意吗？双方辩手唇枪舌剑一个多小时，基本上也在同一个平面上较量：父母的爱是有限的。那么，爱到底是什么呢？爱的范畴有多宽？

爱是人的精神所投射的正能量，是指人主动或自觉地或用某种方式，珍重、呵护或满足他人无法独立实现的某种人性需求，包括思想意识、精神体验、行为状态、物质需求等。

主动、自觉地满足他人的某种需求，包括思想意识、精神体验、行为状态、物质需求等。从这个角度上来看，父母的时间和精力的确是有限的，小的占得多了，大的自然就少了；不但时间少了，关注少了，连玩具和零食都少了。对于孩子来说，爱是无形的，无法得知你对我倾注了多少爱，只能从一天有限的 24 小时时间分给谁多一些来判断你爱谁多一些。难怪中国全面开放二孩政策以来，家中年长的孩子对二孩的抵触远远超过父母的想象！

"爱"在汉语中是一个多义的字。它包含了爱情、母爱、父爱、友情、亲情、博爱以及人对所有事物的根本情感。也就是说，对于一个家庭来说，"爱"不仅仅来自爸爸妈妈等长辈，还来自兄弟姐妹甚至是子孙后辈。这样的话，爱的总量是不是就可以增加了呢？并且，爱并非不可再生，与其对既有的爱争抢厮杀，倒不如联手去创造爱、增加爱的总量，不是吗？

问题讨论二：提姆和弟弟最初是怎样获取爱的？结果如何？后来又发生了哪些转变？

【提示】除了明确爱的定义和外延，还需要引导学生理解：爱不是有限的，而是可以通过努力再生的。

当提姆和弟弟把爱当成有限的稀缺资源时，他们自然会不择手段地博取大人的爱和关注（卖萌、撒娇、告密、装可怜等）。于是二人开始大张旗鼓地起了内讧，结果自然是三败俱伤——哥哥被关了禁闭，弟弟面临被解雇的威胁，他们的父母也是焦头烂额——有限的爱几乎被消耗殆尽；后来由于共同的利益需求而约定分享父母的爱，终于守住了爱并获得了短暂的安宁；再后来，他们联手击退强敌，在合作的过程中建立了深厚的兄弟情谊，进而产生了难以磨灭的感情。这不就是爱的再生吗？再来回味一下提姆的信吧：

> 就算我没上过商业学校，我也在幼儿园里学会了分享。如果没有足够的爱分给我们的话，那我将会给你我所有的爱。

这就是成长。

问题讨论三：通过观看提姆和弟弟的故事，你认为爱应该怎样获取？

【提示】明白了爱的真谛之后，用什么样的手段来获取爱、捍卫爱，这是要引导孩子关注的核心议题。

在大多数孩子的眼中，爱是生而俱来的，是大人给的，是单向的、有限的。因此，当家庭多了新成员，无论这个新成员是弟弟妹妹还是继父继母，在孩子的眼中，都是来抢夺他的爱的。若想捍卫它，就必须争抢大人的时间、精力、关注和留下的资源。至于手段（如恶作剧、装病什么的），自然是无限的。其实何止是孩子，有多少成年人不也像个巨婴一样在拼命地争抢这样的爱吗？不然哪来的这么多争风吃醋和婆媳争斗？

然而事实上，爱其实是可以后天创造的，是能够努力经营的，是双向的和可再生的。爱不仅仅是索取，单向的索取只会让有限的爱的资源愈加枯竭；爱更是付出，双向的付出才会让无限的"爱"源源不绝，生生不息。

综合探究

1. 回答问题

由于时间关系，我们远远没有讨论完电影中的所有问题，那么看完电影后，你能否解答下列问题呢？

（1）如果你是提姆的爸爸妈妈，当两人吵架的时候，你会先批评哪个人？

（2）弟弟身上有没有什么优点值得提姆学习？

（3）如果兄弟俩没能阻止大反派，弟弟仍被留在这个家庭，你认为他们会彼此接纳吗？为什么？

（4）如果你的爸爸妈妈想再生一个小孩，来征求你的意见，你同意不同意？

2. 问题征集

如果你有奇妙的答案和想法,请在下方留言。我们比一比:谁是最厉害的那个人?

宝贝非宝，努力才行
——《宝葫芦的秘密》

河南省济源第一中学　　张红艳

电影信息

导演：朱家欣 / 钟智行

类型：剧情 / 家庭 / 儿童

制片国家 / 地区：中国 / 美国

上映时间：2007 年

荐影理由

每个孩子都有天马行空的想象力。因为疫情宅家的你，有更多的时间发挥你的想象力，各项作业打卡及特长班的学习是不是很疲惫？会不会偷懒？你一定很想念你的小伙伴。你想有一个宝葫芦吗？你想要什么它都能帮你实现。该片能引起学生的好奇与共鸣，在幽默的剧情中思考个人与集体的关系，重温温馨的师生情谊。一个个令人捧腹大笑或感动落泪的故事情节有很深的教育意义：宝葫芦的秘密到底是什么？拥有魔力的宝葫芦就能解决各种麻烦吗？故事的启迪意义是让孩子们明白：世界上根本就没有不劳而获，唯有经过自己的努力与奋斗，方能获得成功。因疫情宅家持续学习的孩子们，学习积极性时有波动。该片能很好地治愈孩子烦躁的心理，提高孩子学习的内在动力，对孩子的学习与成长有积极的引导作用。

观影准备

1. 知识准备

该片改编自中国著名儿童文学家张天翼的同名童话小说《宝葫芦的秘密》。该书是张天翼1958年创作的童话，历经60多年仍广为传播。这本书已经入选小学生语文新课标必读丛书，小学四年级《语文》下册收编了该书的部分章节。

知识拓展：中国象棋的相关知识。

2. 活动准备

讲故事：目的是通过话题加强亲子之间的交流与沟通。

（1）父母长辈讲一讲自己小时候听的一些童话故事。

（2）让孩子们讲一讲自己熟悉的与《宝葫芦的秘密》相关的内容。

电影精读

主人公是谁？

不同的孩子有不同的回答。有的孩子说：电影的主人公是王葆，因为电影主要呈现小学生王葆的成长过程。有的孩子认为：电影的名称是《宝葫芦的秘密》，所以主人公是宝葫芦，且宝葫芦在电影中也是成长变化着的。

那么，谁才是真正的主人公呢？

在王葆的梦中发生了哪些有趣的故事？

王葆天真活泼，喜欢幻想。在剧中王葆做了几次梦？

共两次。一次是电影开头的太空抢险，是不是很惊险？这一环节很能抓住小学生的心理——英雄情结。第二次是在梦中钓到拥有神奇魔力的宝葫芦，随后的剧情都是王葆的梦境。

现实生活中，每当王葆在学习上碰到困难，或在课余生活中遇到麻烦时，他是如何解决的？

没遇到宝葫芦之前的王葆，爱睡懒觉，生活不能自理（剪脚指甲都要奶奶帮忙），学习不积极，不认真完成老师布置的任务，常常拖小组的后退，态度也不端正，"一颗星也是星"，很有阿Q精神。

故事以王葆的梦境展开。在梦中，王葆钓到了传说中能帮主人实现任何愿望的宝葫芦，喜出望外。接下来发生了"河边钓金鱼""吃象棋""会飞的书""游泳小马达""王葆电影历险""玩具总动员""考试作弊"等一系列既离奇惊险、诙谐搞笑，又令人暖心与感动的故事。

宝葫芦提供的帮助给王葆带来了哪些麻烦？

电影中的宝葫芦神通广大，呆萌可爱，能读懂主人王葆的内心，满足王葆的所有愿望，变成各种各样的形状陪伴在王葆身边，并给他提供各种帮助。你是不是也很渴望拥有一个神奇的宝葫芦呢？

在剧中，宝葫芦缺少对现实的了解，让下棋时的"吃掉你的炮"变成王葆口吃象棋，给王葆带来尴尬与麻烦。它带王葆进电影院，变成把王葆带进电影中历险，恐龙的追赶可不是一般人能承受的，是不是很惊险？我喜欢并不是我都想要，"玩具总动员"的场面是不是很壮观？玩具店的老板很受伤啊！不分是非地帮小主人考试作弊，最后名字都没有改，这一下闯了大祸，王葆要受学校处分。宝葫芦好心办了坏事，电影台词说它"没脑子"，但它真诚地对待主人王葆，宝葫芦是不是也很委屈呢？

王葆离开宝葫芦后发生了哪些改变？

剧情中王葆与宝葫芦是亲密的伙伴也是朋友，宝葫芦在提供帮助的同时也给王葆带来麻烦与危险，让王葆既尴尬又受伤，矛盾升级导致决裂。作弊事件后王葆明白了宝葫芦就是自己的欲望，在一次次撒谎圆谎中，自己变得面目可憎，成了"偷窃者"。

在王葆犯错误后，家人、老师、同学都给予了他帮助，包容他，鼓励他。王葆转变了学习态度，遇事积极努力，肯吃苦，有了自我学习与成长的内在动力，通过自己的勤奋与努力，完成了自我蜕变与成长，获得了家人和老师的肯定，也收获了友情。

电影沙龙

设计目的：一方面通过亲子之间、师生之间共同讨论电影，了解孩子的一些想法（对集体与朋友的理解，对待学习生活与成长的态度）；另一方面引导孩子明白这部电影的教育意义：不劳而获是不存在的，不能依靠宝葫芦的魔力，只有依靠自己，通过自己的努力与付出才能收获快乐与成功！

问题讨论一：电影中的小学生王葆上几年级？这个阶段的孩子有什么特点？

【提示】小学五年级。这个年龄段的孩子已经到了心理逆反期，有自己的理想，希望得到别人的尊重；开始不听话了，有较多的交友困惑；学习上的任务与困难也越来越多；自尊心很强，会对父母的一些安排产生很强的抵触情绪。家长要学会慢慢放手，给予孩子一定的自由与信任，在关注孩子学业的同时，应多关注孩子的心理健康。

问题讨论二：面对一屋子的玩具，王葆更喜欢爸爸送的山地车，为什么？

【提示】山地车是王葆所渴望和喜欢的，尽管王葆的爸妈工作很忙，但爸爸妈妈爱他也了解他的需要。这山地车不仅是一个礼物，也是一份爱。一屋子的玩具看着就吓人，而且是从玩具店搬过来的，它们的主人是玩具店老板。这种行为是偷窃行为，王葆这点是非观还是有的。

宝葫芦毫无保留不求回报地帮助王葆的行为，像不像父母对待自己孩子的样子？随着孩子的成长，父母也要学会成长。希望父母多思考：如何处理工作与陪伴孩子的问题？如何建设良好的亲子关系？

问题讨论三：王葆与宝葫芦决裂后，他的蜕变与成长得到了谁的帮助？

【提示】家庭、老师及同学都对王葆提供了帮助。慈祥的奶奶关心他的生活，妹妹也看到了哥哥的优点。爸爸虽严厉但也很关心他，教育他，鼓励他：把小聪明用到学习上，你将是班上最优秀的孩子。妈妈给予王葆的是信任。充满理解与包容的和谐家庭关系，是孩子健康成长的保障。老师给予王葆关心与爱护的同时，也是其成长路上的引路人。良好的同学关系也是其健康成长的助力。

问题讨论四：电影中王葆取得游泳比赛胜利后，他找到了宝葫芦，问它：你真的没有帮我，是我自己取得了胜利？王葆为什么这么问？

【提示】因为电影中王葆是个懒惰、缺乏上进心的学生，学习习惯不好，好高骛远，陋习较多。前期他对宝葫芦产生了依赖，独立成长需要一个过程，他不够自信。同时也是跟宝葫芦（过去）告别，以他的胜利宣告"没有你我也可以赢"，是对自我的再次肯定！

综合探究

1. 回答问题

（1）在小河边王葆对宝葫芦说：你就是一个妖怪。宝葫芦这时为什么变成了一个妖怪？

（2）宝葫芦的秘密是什么？

（3）设想一下王葆做的"高级模型"摔坏后的情节。

（4）剧中可爱的小青蛙扮演了一个什么样的角色？

（5）王葆和宝葫芦已经握手言和，为什么最后他们还是分开了呢？

（6）梦醒后的王葆会发生什么改变？

2. 问题征集

如果你有奇妙的答案和想法，请在下方留言。我们比一比：谁是最厉害的那个人？

阶梯电影三

小学高段学生的特点是思维品质有极大的提升，思想道德也有良好的发展，这一阶段的电影课侧重于让他们形成良好的道德品质，培养他们的担当精神和责任意识，提供战胜困难和挫折的勇气。我们精选的6部电影涉及良好道德品质的培养、思考生命的价值与意义、敢于面对困难承担责任等主题。

良心指引成长路
——《木偶奇遇记》

山东省滨州市滨城区实验小学　郭　栋

电影信息

导演：汉密尔顿·卢斯克

类型：家庭 / 奇幻 / 动画

制片国家 / 地区：美国

上映时间：1940 年

荐影理由

庚子大疫，在这个春天，我们和孩子都经历了一段难忘的居家时光。疫情带来危机，危机却也是成长的契机、生命的转机。疫情面前，全人类都应该低下高傲的头，重新思考人类与宇宙的关系、人类自身的定位。于个人，也是如此。

因此，我们推荐美国经典动画电影《木偶奇遇记》，借助小木偶匹诺曹的成长故事，反思我们自身与孩子的成长历程，重新定位我们每一个人的人生目标，重新思考我们给予孩子的教育方向。这个过程，就是我们和孩子共同成长的过程。

自上映以来，该片已成为几代人难以磨灭的童年记忆，与同时期的《白雪公主》一样，成为迪士尼动画的经典作品。而"匹诺曹"更成为诚实、不撒谎的代名词。

观影准备

1. 知识准备

关于木偶和木偶戏。木偶，木头做的人偶，古代叫傀儡。木偶戏，也叫傀儡戏，是用木偶来表演故事的戏剧。表演时，演员在幕后一边操纵木偶，一边演唱，并配以音乐。按木偶形体和操纵技术的不同，有布袋木偶、提线木偶、杖头木偶等。电影中的匹诺曹是个提线木偶。匹诺曹演出的，就是木偶戏。

2. 阅读准备

阅读同名图书《木偶奇遇记》。作者是意大利儿童文学作家卡洛·科洛迪。图书出版以来，受到了各国儿童的喜爱，并多次被拍成动画片和故事片，在世界各国广受欢迎。意大利哲学家贝内戴托评论说："用来雕刻匹诺曹的那块木头，实际上就是人类本身。"

电影精读

《木偶奇遇记》这部动画电影成为经典不是偶然的。原著的影响力是一方面，更重要的是，我们都从小木偶的故事中看到了自己。我们每个人的一生，正如提线木偶一般，终日被名利、生计所牵，不见真我，不得自由。可是人人内心，终其一生，都在寻找人生真谛。小木偶的形象和他的故事，隐喻了我们每个人的人生。这是这个形象深入人心的重要原因。

匹诺曹的诞生

匹诺曹只是个普通的小木偶，但他又不普通。他是老爸盖比特倾尽心血的创作，他是老爸最深切的爱和最虔诚的愿望的具体体现。老爸对着许愿星许下愿望，善良的仙女赋予匹诺曹生命。这也是老爸总给人带来欢乐的福报。同时，仙女与匹诺曹约法三章，做到"诚实、勇敢、不自私自利"才能成为有血有肉的真正男孩。并且，仙女还赋予小蟋蟀做匹诺曹良心的使命，引导监督小木偶。

教育启示

这个情节的设计说明一件很重要的事，那就是生命的来源。父亲只给了孩子身体，而赋予他生命灵魂的却是仙女。但要成为一个真正的人，还需要他自己的努力实践。实践什么？

阶梯电影三 113

> 实践"诚实、勇敢、不自私自利",终生坚持,成为一个真正的人。而这些看似普通的美好品质,又来自仙女的约定。个人的命运,三分天注定,七分靠打拼。这打拼,也要遵循良心才行。

正如纪伯伦所说,你的孩子不是你的孩子,他只是通过你来到这个世界上。他有他的道路,他有良心指引,他有仙女看护。我们做父母的是不是应该少些控制,多些信任呢?

匹诺曹的人生目标

老爸欢欣鼓舞地让匹诺曹去上学读书,希望他能够变聪明。

仙女启示匹诺曹,要成为真正的男孩。

匹诺曹自己呢,第一天上学,学校没去成,却一步跨上了舞台,要成为名利双收的演员、明星。好不容易逃出生天,匹诺曹却在同一个坑里跌倒两次,又被忽悠上了欢乐岛,肆无忌惮,纵情享乐。直到变成驴子的那一刻,他才猛然惊醒。

我们看到,在出名、享乐的高光时刻,良心蟋蟀都被抛弃得远远的。这时候的匹诺曹根本听不到良心在说什么,甚至看不到良心在哪里。他完全迷失了,迷失在金钱、掌声与无节制的享乐中。而两次危难时刻,良心蟋蟀都相伴左右,指引方向。

影片中还有一个不是木偶的男孩,匹诺曹的朋友蜡烛芯。他具有严重的叛逆心理,个性粗鲁、无礼,喜欢打台球、喝啤酒、抽烟、戏弄别人、破坏公物以及嘲笑良知。他是最享受欢乐岛的生活的,也是主动放弃了良心指引的,最后他变成了驴子。这个人物的堕落,是对匹诺曹的警示。

影片中的狐狸老实约翰、傻猫基甸、木偶戏团的班主、欢乐岛老板矮胖子，是同一类人，坑蒙拐骗，唯利是图，损人利己，毫无底线。但是从物质享乐上看，他们又令人羡慕。他们是早已抛弃良心的人。

匹诺曹如果像蜡烛芯一样选择，他就会成为受人奴役的蠢驴；如果没有良心的指引，他也许会长成老实约翰那样的人。

★教育启示★

许多家长就像老木匠一样，给孩子的目标是上学成才；仙女给的目标是成人；而孩子自己呢，总想走捷径成功，过上不受约束的欢乐岛生活。造成这么大反差的原因是什么？我们的期望太迫切，我们的目标又太功利。孩子在重重压力之下，反而更想逃避，像匹诺曹一样，言不由衷地去了欢乐岛。疫情下的居家学习，是不是也有这样的问题？电影给出的答案是良心指引。比如，我们和孩子谈到的人生目标，总是很具体的职业，而职业又与收入紧紧挂钩。比如，想要做个医生，很多人不会想到救死扶伤、无私奉献，首先想到的是收入高、社会地位高。与我们很多人的理解不同，仙女希望匹诺曹成为真正的男孩，成为一个具有美好品质的人。这个目标明亮而温暖，无关名利享乐，却是做人的根本。这样的人生目标，是需要良心指引的，具有感召力，而不会给人带来任何的压迫感。

> 那么，我们在跟孩子谈人生目标的时候，可不可以从上个好大学、找个好工作，稍稍转移到具有哪些好品质、成为什么样的人上来呢？

匹诺曹成长的动力

匹诺曹逃出欢乐岛，幡然悔悟，回家找爸爸。得知爸爸的消息，匹诺曹自沉海底，徒步寻找，声声呼唤爸爸。谁知爸爸被困鲸鱼腹内，弹尽粮绝，眼看就要饿死了。这时候，鲸鱼张开了口，匹诺曹随着鱼群涌入困住爸爸的水槽。父子重逢，多么感人的画面！爸爸完全没有责怪木偶儿子，甚至连他的驴耳朵、驴尾巴都没有过问，只有满满的关心怜爱。无论儿子变成什么样子，都是自己的匹诺曹！

父子二人齐心自救，鲸口逃生。匹诺曹想办法，点火冒烟，迫使鲸鱼打喷嚏。老爸虽不明白，但全力支持，终于脱离鲸口。匹诺曹驮着爸爸，大海浮沉，筋疲力尽，被海浪推上岸来。父子两人都获救了。匹诺曹践行了与仙女的约定，仙女则兑现了她的承诺，匹诺曹成了一个真正的男孩子。而一枚金质奖章也悄然出现在良心蟋蟀身上。

★ 教育启示 ★

孩子成长的动力，就是父母无条件、无差别、全方位的接纳和爱，还有尊重和信任，但这并不意味着没有惩戒。影片中，仙女令匹诺曹鼻子变长，就是对他撒谎的惩戒。这次惩戒之后，匹诺曹戴着驴耳朵见到父亲，就没有再次撒谎。

电影沙龙

匹诺曹初涉人世,就被老实约翰诱惑了两次。一次是成功的"捷径"——当演员,掌声金钱,名利双收。结果是被当成摇钱树,关在笼子里。一次是没有约束的自由——去欢乐岛,吃喝玩乐,做坏事,做个坏孩子也很爽!结果是差一点变成驴,要么终生被奴役,要么变成驴肉火烧。

问题讨论一:你认为成功是否有捷径?演艺明星之路是成功的捷径吗?

学生角度:如果有才华和机遇,肯定想去试一试,但是孩子本身并不清楚自己是不是那块料。大多数学生也不清楚演员的生活和他们的心理状态,只是看到他们光鲜的外表、可观的收入,名利驱使下急急忙忙往这个圈子里钻,不知道背后的艰辛和无奈。

家长角度:家长本身有这方面资源,孩子也有这个素质和意愿的,肯定会去试试。演艺圈有很多星二代,对他们来说,有父辈的人脉在,可能算是成功的捷径。

老师角度:奥斯卡获奖影片《朱迪》讲的是好莱坞童星朱迪·嘉兰的人生故事。她两岁开始表演,直到47岁去世,获奖无数,但个人生活非常悲催。为了让她的舞台表现更好,她妈妈从小就给她吃兴奋剂。长大出名后,演艺公司继续让她服药抑制体重。她的生活可以说毁在这些药物上。正如《木偶奇遇记》中木偶剧团老板说的那样,朱迪就是那棵摇钱树,等到老了就被抛弃了。最后因为常年服药,她的演出越来越力不从心,演唱时还会忘词，曾经被观众赶下台，再也无人与她签约，最终死于药物过量。这时候，人们终于记起她是《绿野仙踪》中的多萝茜了。

成功没有捷径。所谓捷径，大都是坑。朱迪的坑就是药物。演艺之路，一要天赋，二要勤奋，三要机遇。其实任何别的事业也是一样，只要想速成的，急功近利的，大都是坑。反过来讲，踏实努力，一点点积累，量变达到质变，才是大多数人成功的捷径。

问题分析：一夜成名，一夜暴富，这样的诱惑直接勾起了人们的贪婪心，可以说，只要有人类在，这样的诱惑就不会消失。不管怎么警示，也还会有人铤而走险。职业特点决定演员容易名利双收，所以，问题反映到演艺圈的比较多。

家校联手：学校应该倡导踏实朴素的校风，多把目光关注在普通学生的美好品质上，不要总是宣扬那几个尖子生的成绩，毕竟中等生才是主体。优秀的学生，放到哪个学校哪个班级都是优秀的。中等生的水平，才能代表学校的水平。家长对自己的孩子要有个客观的评估，不妨站到一个班级、一个学校的立场来看孩子的表现。根据孩子情况，制定符合孩子实际的发展路线，千万不要急功近利，毁了孩子。

问题讨论二：你认为影片中欢乐岛这样的自由生活怎么样？

学生角度：刚开始肯定会觉得很好，很自由、很快乐，但时间长了，会觉得很无聊。天天玩，荒废了学业，也浪费了时间，长大了什么也不会，就像头蠢驴一样。

家长角度：家长对孩子的要求，很多是来自自身的经历。比如，家长因为种种原因，少年时荒废学业，导致成年后的人生不够顺遂,所以对孩子提出要求,至少不能再吃大人吃过的苦(没文化的苦、生活艰辛的苦)。欢乐岛这样放纵的生活,酿成的苦果,作为过来人,家长是坚决不会让孩子去走这样的道路的。

老师角度:欢乐岛的自由并不是真正的自由,而是无聊的放纵。人只有明白了人生真谛,挣脱名利枷锁,才能获得真正的自由。而放纵过后是堕落,是空虚,是浪费了珍贵的生命。所以,影片安排那些放纵的孩子,都失去了成为人的资格,变成了驴子。

问题分析:欢乐岛的生活,对应着现实生活中孩子们被管理的生活。儿童生性活泼,不喜欢被约束,甚至有的孩子逆反心理特别强,事事都想反着来。影片就安排了这么一个地方,这么一种生活。反过来看看,一点约束也没有会是什么样?对一个孩子的发展究竟有没有好处?其实,管他是爱他。没人管的孩子,也是痛苦的。

家校联手:管理是正面的,也应该是人性化的,尤其对儿童的管理教育,更应该是充满爱的。三年级的小学生,自我意识增强,渴望得到老师、家长的关注和信任。所以,管理不是监控,而是启发自觉;上课也不是说教,而是唤起"我要成为好孩子"的责任意识,有技巧地教孩子一步步学会自我管理。

老实约翰的诱惑之所以能够成功,匹诺曹之所以上当两次,根本原因还在他自己身上:他没有把爸爸的话记在心上。他虽然和仙女有约定,但一听说成功有捷径,就把仙女、爸爸的话抛之脑后了。他也真的想回家,但一听说欢乐岛的欢乐,就把回家抛之脑后了。匹诺曹抵抗诱惑的能力有点差。

问题讨论三：生活中的诱惑有哪些？我们应该怎样面对诱惑？

学生角度：生活中的诱惑有很多，比如电游、手游、好吃的、钱、偷懒等。学会安排时间，先做重要的事，比如写作业，然后在规定的时间内玩一会儿游戏。

家长角度：生活中的诱惑很多，但是把握住一点，就会避免很多麻烦，那就是不要贪小便宜。这个理念要从小教给孩子。

老师角度：子曰："巧言令色，鲜矣仁"。老实约翰诱惑匹诺曹的时候，就是"巧言令色"。花言巧语和过分恭维，往往是诱惑的开始，这是重要的判断标准。老子说"自知者明，自胜者强"，判断之后，我们还要明白自己最重要的事完成没有。如果匹诺曹当时牢牢记得爸爸的话，把上学当成最重要的事，管住自己，就不会有后来的事了。

问题分析：面对诱惑，首先是判断。电影借仙女的嘴说出一个真理——用良心来判断。良心最朴素，有些朴素的观念，就能帮我们做判断，如"天上不会掉馅饼""贪小便宜吃大亏"等。然后是管理。一些小小诱惑，比如玩游戏，我们做好时间管理，有节制地玩一会儿，也未尝不可。

综合探究

1. 写一写

还记得电影中的这个剧情（如图）吗？试一试，把这一段故事改写成一个小剧本。要记得把匹诺曹当时的内心活动写出来哦。

原著还有许多小故事，也可以这样改编成小剧本。试一试吧！

2. 演一演

先分角色朗读你的小剧本，根据小组（家庭）成员的意见进行修改。然后，准备道具，演出你的剧本。你可以身兼三职，既是导演，又是演员，还是编剧。

北京往事，故土情怀
——《城南旧事》

山东省东营市利津县汀罗镇中心小学　薛兴华

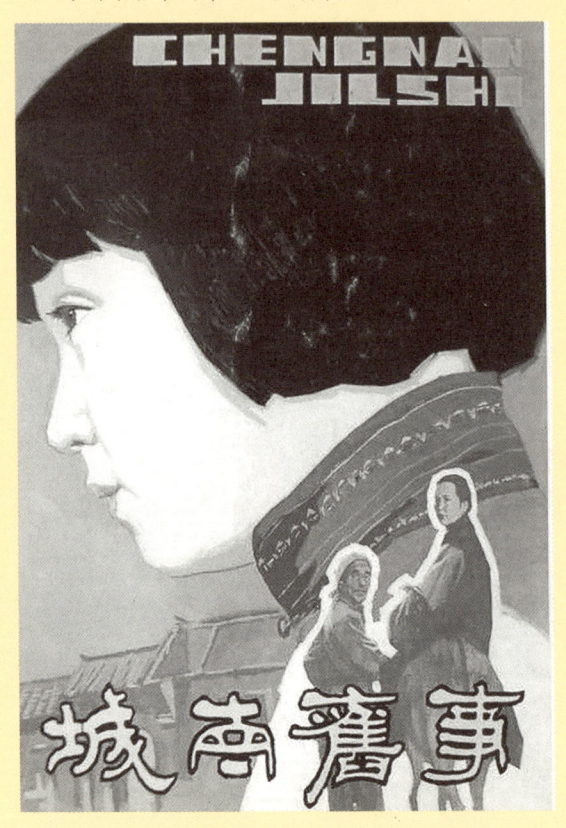

电影信息

导演：吴贻弓

类型：剧情

制片国家/地区：中国

上映时间：1983 年

荐影理由

本片根据林海音同名短篇小说改编。这部电影是拍摄于1983年的经典之作,当时备受热捧。影片通过小英子的视角,讲述了英子在北京生活时发生的三个故事。全片充溢着淡淡的哀愁、浓浓的相思。影片留白很多,引人深思的地方也很多,适合小学生观看。

观影准备

1. 知识准备:林海音简介

林海音(1918—2001),原名林含英,小名英子,原籍中国台湾,生于日本大阪,在北平长大。1948年回到台湾,开始文学创作,曾担任《世界日报》记者,是台湾文学"祖母级的人物"。一生创作了多部长篇小说和短篇小说集。其自传体小说《城南旧事》,于1999年获第二届五四奖"文学贡献奖",德文版获瑞士颁发的"蓝眼镜蛇奖"。

2. 发放观影单资料

附:观影单

《城南旧事》观影单			
观影时间		喜爱程度	
影片主要人物			
影片中哪个人物令你印象深刻?为什么?			

续表

《城南旧事》观影单	
英子在毕业典礼上看到兄弟俩时的心理活动	
以英子的身份给监狱中的"小偷哥哥"写一封信	
父亲去世，英子与奶妈告别时的心理活动	

电影精读

电影故事简单，三个故事串珠式呈现，却让人觉得毫无违和感。整部片子的基调充满了淡淡的哀愁，一曲《送别》贯穿了电影的始末，长久地萦绕在观众的耳边，深深地印刻在大众的心里。正如电影片头介绍："我所经历的许多大事也不少了，可都被时间磨蚀了。然而这些童年的琐事，无论是酸的、甜的、苦的、辣的，却永久、永久地刻印在我的心头。"有人评价这部电影近乎一幅宁静、淡泊、简约的中国水墨画，有人说它似一首淡雅而含蓄的诗，也有人说它满含人间烟火味，却无半分名利心。

故事里的主要人物不多，"疯女人"秀贞，是英子在城南胡同结交的第一个好朋友。秀贞曾与一个大学生暗中相爱，后大学生被警察抓走，秀贞生下的女儿小桂子又被家人扔到齐化门城根下，生死不明。英子对她非常同情。英子得知小伙伴妞儿的身世很像小桂子，又发现她脖颈后的青记，急忙带她去找秀贞。暴雨中秀贞和女儿惨死在火车轮下。后来英子一家迁居新帘子胡同。

英子在附近的荒园中认识了一个厚嘴唇的年轻人，他为了供弟弟上学，不得不去偷东西。英子觉得他很善良，但又分不清他是好人还是坏人。不久，英子在荒草地上捡到一个小铜佛，无意中给了便衣警察，导致年轻人被捕。这件事使英子非常难过。英子9岁那年，得知宋妈的儿子小栓子两年前掉进河里淹死，女儿丫头也被丈夫卖给别人，心里十分伤心，不明白宋妈为什么撇下自己的孩子不管，来伺候别人。后来，英子的爸爸因肺病去世。宋妈也被她丈夫用小毛驴接走。英子随家人乘上远行的马车，带着种种疑惑告别了童年。

童年

英子的童年是在北平度过的，秀贞、妞儿、厚嘴唇年轻人、宋妈、爸爸和妈妈都是英子童年记忆里不可或缺的朋友、亲人。童年的记忆是我们人生中最宝贵的财富。年龄越大对童年的人或事、对故乡就会越怀念，这似乎是亘古不变的规律。我们生活的时代与英子不同，童年的记忆自然也是有差别的。相同的是，我们都有一颗虔诚的心，怀念童年、怀念过去。庆幸孩子们可以珍惜当下，让童年的记忆熠熠闪光。

离别

影片中三个故事的结局都是离别，尤其是最后爸爸的去世，意味着英子的童年结束。生活中，我们也要经常面对各种离别，有短暂的，也有生与死的永久离别，我们要学会正确看待这些离别。天下没有不散的筵席，很多我们珍惜的人都是人生旅途中的匆匆过客，伤心也好，绝望也罢，最终我们都要振作起来坦然面对，勇敢前行。面朝大海，春暖花开。

成长

英子在与朋友、亲人的一次次离别中成长着。秀贞和妞儿团聚了，短暂的团聚之后是一场别离，她们永远地留在了英子的心里。英子学会了乐观地面对，学会了坚强。厚嘴唇的年轻人虽然是小偷，可英子愿意与他聊天做朋友，在这个过程中英子学会了辩证地看问题，对待事情她有自己的认识和想法。爸爸生病去世，家里的顶梁柱没了，宋妈不得不离开，英子也被迫告别童年，学会长大，走向成长。

电影沙龙

影片中呈现的三个故事真实地反映了当时老北京的历史风貌，故事中的几个人物形象鲜明，留给我们一些思考与启示。

问题讨论一：秀贞是疯女人吗？

问题分析：在其他人眼中，秀贞是个疯子，整天疯疯癫癫、自言自语，站在门口呆呆地望着远方。别人都怕她，不愿与她交流来往，小英子却很喜欢她，并与她成了好朋友。秀贞敞开心扉向英子诉说她的过往，叮嘱英子帮她找丢失的孩子，还给她染红指甲。秀贞是一个可怜的人，她是家中独女，原本可以生活得很幸福，可命运多舛，社会原因导致她与丈夫思康分别，孩子被家人遗弃，双重打击让她变得看似与常人不同。

> **教育启示**
>
> 母爱如水，淡淡的，却充盈了整部影片。疯女人对小桂子割舍不断的爱，宋妈对老家小栓子和丫头的爱，让我们觉得母爱是我们心头最温暖的回忆。

问题讨论二：荒园中的厚嘴唇年轻人是好人还是坏人？

问题分析：关于这个议题，孩子们或许有争议。偷盗本来就不是一件光彩的事情，是犯法的事情，从这个层面上说，这个小偷是坏人，最后的结局也是咎由自取。也可能有的同学认为他是生活在20世纪初乱世的一个普通小人物，为生活所迫而做了贼。一个人默默承受生活的艰难，养家糊口，供弟弟上学，为人朴实厚道。他是个善良的小偷，是个关爱弟弟的好哥哥，是个好人。

> **教育启示**
>
> 这个议题没有答案，希望孩子们在回答的过程中学会辩证地看问题。

问题讨论三：小主人公英子是一个怎样的女孩？

问题分析：英子是一个天真活泼、聪明可爱又善良且富有同情心的女孩。英子在冬阳下看骆驼吃草，学着骆驼咀嚼的样子，让人忍俊不禁；英子问爸爸骆驼脖子上的铃铛有什么用，而她自己的解答是骆驼走路时用来解闷的……一个天真活泼、聪明可爱的小女孩形象跃然纸上。了解了秀贞的过往，英子对她是充满同情的，所以热心地帮她找到了丢失的女儿小桂子，也就是她的好朋友妞儿。面对荒园中的厚嘴唇年轻人，英子知道他是小偷，相处中了解到他是为生活所迫、为供弟弟念书后，竟与他成了好朋友。这一切也说明英子是一个善良、富有同情心的人。

教育启示

一千个读者眼中有一千个哈姆雷特。充满童心的英子在影片中无疑是聪明可爱、天真善良的代表。也许孩子们的解读中还会看到她的勤学好问、善于观察、勇敢、有孝心等等。如果孩子能读出英子的其他形象，说明我们的孩子也是一个善于发现和思考的小读者。

综合探究

《城南旧事》这部影片以英子的视角向我们展示了老北京城当时的社会风貌，英子那双会说话的眼睛也给我们留下了深刻的印象。影片多处留白，给观众留下了很多思考和想象的空间。（三选一）

1. 英子在参加小学毕业典礼时，看到小偷的弟弟在台上演讲完后，小偷哥哥来为弟弟庆祝，她不自觉地从自己的座椅上走了下来。此时此刻英子的心里在想些什么呢？

2. 请以英子的身份给监狱中的"小偷哥哥"写一封信。

3. 请描述一下爸爸去世后，英子与宋妈分别时的心理活动。

珍惜友谊，珍爱生命
——《夏洛的网》

河南省济源第一中学　　王秋霞

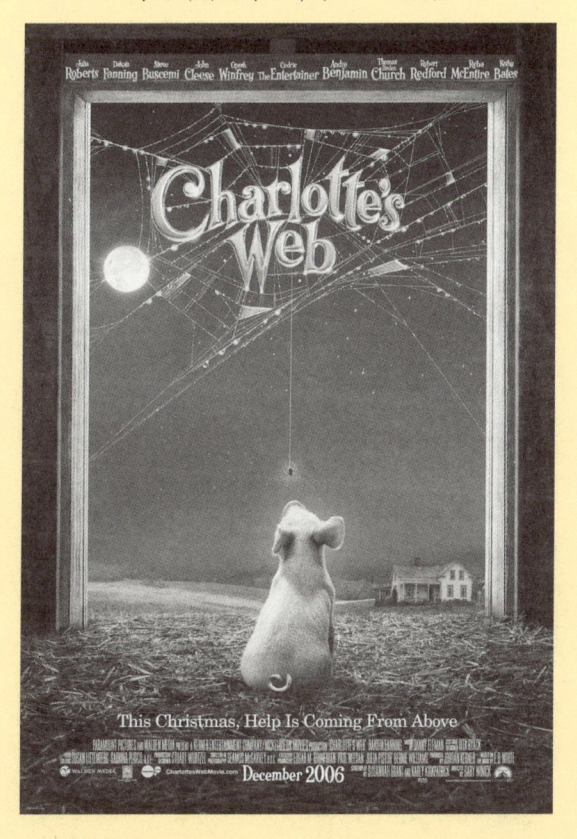

电影信息

导演：盖瑞·温尼克

类型：喜剧 / 家庭 / 奇幻

制片国家 / 地区：美国

上映时间：2006 年

荐影理由

今天给大家推荐的电影是《夏洛的网》,这是一部讲述善良的弱者彼此扶持的故事。电影充满了细腻的爱与温情,让人感动与憧憬,可以引导孩子友善地与他人相处,学会欣赏,学会付出,学会感恩,信守承诺,体验真挚的友谊带来的感动,懂得生命的可贵,理解生命的意义,拥有爱与被爱的能力。

观影准备

1. 知识准备

关于蜘蛛的知识,你了解多少呢?

蜘蛛多以昆虫为食,是许多害虫的天敌,可以入药,少数蜘蛛的毒液对人畜有害。对蛛丝加工后,可制造轻型防弹背心、降落伞、武器装备防护材料和高强度渔网等产品。蜘蛛按捕食方式分成结网性蜘蛛和徘徊性蜘蛛。蜘蛛的寿命一般为8个月至2年。它在蛛网上移动时,通常把干丝作跑道,需要在黏丝上行走时,会分泌出一种润滑剂,使其在蛛网上进退自如。母蜘蛛产完卵后,继续织网筑巢,保护着宝宝们不受冷空气的侵袭。用光了所有的丝建巢完成后,时间和阳光会帮助它孵卵,母蜘蛛因衰老和疲惫在几天后安详死去。

2. 活动准备

准备家庭亲子小游戏:画一张神奇的网。

规则:家人共画一张蜘蛛网,在网上写下每位家人的名字和彼此欣赏的优秀品质。

目的：通过活动加强亲子之间的交流与沟通，提升家庭幸福感。

电影精读

主人公是谁？

你认为该电影中的主人公是谁？威尔伯和夏洛之间是什么关系？

会有不同的回答。有的孩子说：电影的主人公是威尔伯，因为电影主要呈现小猪威尔伯的梦想实现过程。有的孩子认为：夏洛的贡献最大，是它拯救了小猪，所以主人公是夏洛。

谁才是真正的主人公呢？

一般来说电影故事中变化成长最大的角色才是电影的主人公。威尔伯从最初的天真、无知、胆小、脆弱，没有危机意识，到认识夏洛后逐渐成长，它主动热情地和夏洛交朋友，勇敢地从艾弗里手中解救了夏洛。真正让威尔伯成长的，是它协助夏洛的孩子回到谷仓，主动承担起守护514个生命的重任。它的变化与成长是最大的，所以威尔伯是电影的主人公。

威尔伯经历了几次死亡威胁？

电影中的小猪威尔伯总共经历了几次死亡威胁？谁帮助它解除了威胁？

第一次威胁：威尔伯出生时是母猪最后生下来的落脚猪，体质较弱。费恩的爸爸认为猪妈妈养活不了它，打算杀死它，而充满爱心的费恩阻止了爸爸，救下了它，还主动担任起抚养它的任务。

第二次威胁：到了朱克曼的谷仓后，威尔伯面临着成为圣诞节熏肉火腿的命运。它最大的梦想是能躲过圣诞节前的屠杀，看到冬天的雪，活下去。好朋友夏洛伸出援助的手，小猪才能拥有一个美好的未来。

威尔伯的梦想是如何实现的？

威尔伯面临被宰杀的命运时，它最大的梦想是活下去，见到冬天的雪。那么，都有谁为了它的梦想而付出了努力呢？

费恩对小猪从来就不离不弃，到处张贴小镇博览会的宣传广告，引起舅舅的注意。后来，舅舅宣布要带威尔伯去参加比赛。

夏洛许下诺言，它在蜘蛛网上织出了被人类视为奇迹的文字，努力让威尔伯成为明星。它第一次织了"王牌猪"三个字，第二次织了"了不起"三个字，第三次织了"光彩照人"四个字。最后在威尔伯比赛的时候，夏洛又拼尽全力织了"谦卑"这两个字，帮小猪在集市上赢得了特别奖，成功救了威尔伯的性命，让威尔伯看到了冬天的第一场雪。

为了在神奇的网上创造奇迹，谷仓里的动物伙伴们努力贡献自己的智慧。夏洛想到了"王牌猪"，母鹅创造的"太棒了"由夏洛修改成了"了不起"，老鼠冒着生命危险，两次外出寻找文字，找到了"光彩照人"和"谦卑"。

夏洛和威尔伯之间是什么关系？

每个人都有生存、归属、爱与被爱、自我实现的需要。夏洛希望被接纳，希望得到认可和尊重，威尔伯满足了夏洛的这些需要，给了它无比的真诚、热情、友善和信任。夏洛说：威尔伯做的一切，让一只蜘蛛在谷仓里每一个伙伴的眼中都是美丽的。威尔伯希望活下去，见到冬天的雪，夏洛给了它活下去的承诺和守护，帮助它实现了这个梦想。

它们之间有着真挚的友谊，能够看见彼此高贵的品质，相互欣赏，相互扶持，相互成就。没有威尔伯，夏洛就织不出神奇的网；没有夏洛，威尔伯永远也不会闪光，成为明星。友谊的意义及价值在于让彼此变得更加美好。

电影沙龙

问题讨论一：电影中的小女孩费恩多大？这个阶段的孩子有什么特点？

【提示】费恩8岁，正处于童年期（6～12岁）。8岁的儿童处于摆脱自我中心化的转折时段。儿童入学后，亲子关系会发生变化，父母和孩子直接交往的时间明显减少。父母的教养关注重点从游戏、生活自理能力，转移到了学习、同伴关系、情绪和兴趣方面。儿童在6岁之前，各种事情的主要决定权在父母手中。6～12岁的儿童在许多事情上具有一定的选择权和决定权。12岁以后的儿童具有一定的判断能力，能够自己做出选择和决定。

所以，对于童年期的孩子父母要根据孩子的特点学会逐渐放手,给孩子做决定的机会和权利。

问题讨论二:动物们对夏洛的看法发生了什么变化?为什么?

【提示】刚开始大家以貌取人,都看不起夏洛,认为它又小又丑陋,还误认为它会吃掉配偶,觉得它恐怖、恶心,都和它保持一定距离。威尔伯到谷仓后没有随波逐流,不顾大家的冷嘲热讽,能够欣赏到夏洛的独特和美丽,它主动热情地和夏洛做朋友,努力让大家看到夏洛的可爱,告诉大家它给大家带来的福祉——它那奇妙的网阻止了虫子进入谷仓。

夏洛承诺要帮助小猪看到冬天的雪,在创造第一张网的奇迹后,它凭借自己的智慧召集会议,说服大家共同寻找最适合威尔伯的词,并成功劝说老鼠外出找词。夏洛不计回报地付出,逐渐赢得了大家的接纳与尊重,获得了友谊和关心。大家都认为它是一个聪明勤劳、充满爱心的工作者,做了了不起的事。它用行动改变了大家对蜘蛛的刻板印象,大家认识到每一个蜘蛛伙伴都是美丽的,蜘蛛宝宝们在大家眼中也是友善、可爱、漂亮的。

问题讨论三:夏洛临死前,对威尔伯说了什么?

【提示】影片中,夏洛非常虚弱地对小猪说:我们生,我们活,而等时候到了,我们就会死,这是生命的自然循环。为你做的事情,是我的荣幸,你把我当成你的朋友,你让一只蜘蛛在谷仓里每一个伙伴的眼中都是美丽的。我的网不是奇迹,我只是描述我所见到的,你才是奇迹。

而在原著《夏洛的网》书中这样写道:"你一直是我的朋友。"夏洛回答说:"这件事本身就是一件了不起的事。我为你结网,因为我喜欢你。再说,生命到底是什么啊?我们出生,我们活上一阵子,我们死去。一只蜘蛛,一生只忙着捕捉和吃苍蝇是毫无意义的,通过帮助你,也许可以提升一点我生命的价值。谁都知道人活着该做一点有意义的事。"

夏洛的最后告白,不仅是对威尔伯的安慰,也可以帮助父母用这个简单的故事为孩子带来最好的生命教育,用孩子易于接受的方式来回答孩子关于死亡的疑问。

问题讨论四:你怎么看待夏洛的一生?

【提示】生命的价值不在乎长度,而在乎宽度。生命的宽度才是真正产生价值的地方。

夏洛在短暂的一生里有两大杰作。一个伟大的作品是一个富含营养并防水的蛋囊连同它的 514 个孩子。这些小宝宝继承了它的生命与爱。另一个杰作是它织就的 4 张神奇的网,其中饱含着它的坚韧和智慧,也饱含着对朋友的爱与承诺。它在有限的生命中,做了一件极有意义的事,帮助威尔伯改变了命运,赢得了威尔伯永远的感恩和怀念,创造了生命的价值。这就是生命的宽度。

夏洛表现出的勇敢、聪明、慈爱将永远伴随着孩子们的成长,它善良而有意义的一生,让它的精神永远留在人们的心中,虽死犹生。我们也要思考一个问题:如何过这一生才更有价值?

综合探究

1. 回答问题

看完电影后,你能否联系生活回答下列问题呢?

(1) 如果你是威尔伯,你想要感谢谁?

(2) 在你的生命中,谁是你的"夏洛"?你是谁的"威尔伯"?

(3) 如果夏洛也为你织一张网,上面会是什么字?你最看重自己的什么品质?

如果你有奇妙的答案和想法,请讲出你的答案来。我们比一比:谁是最厉害的那个人?

2. 问题征集

如果你有更多问题或想法,请在下方留言,我们期待着你的精彩。

丢掉羽毛，拥抱"飞"凡
——《小飞象》

山东省临沂市临沂国际学校　高　颖

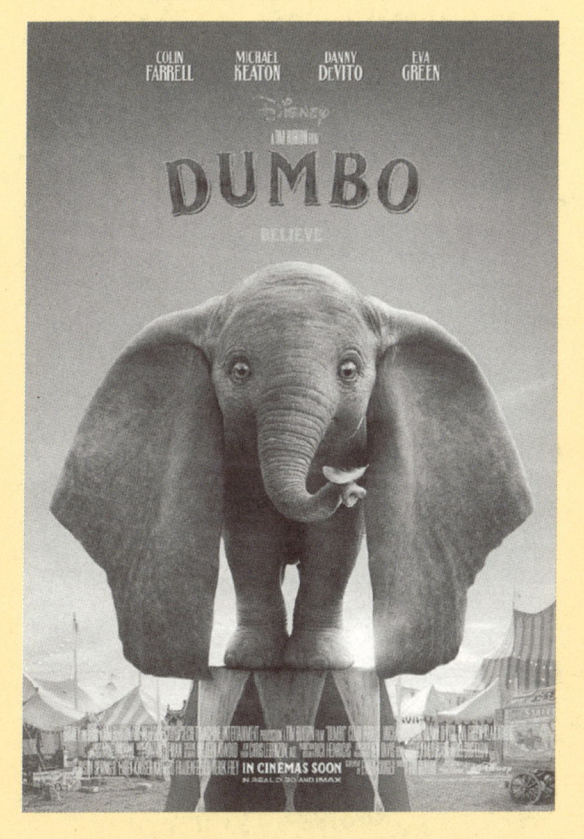

电影信息

导演：蒂姆·波顿

类型：奇幻/冒险

制片国家/地区：美国

上映时间：2019年

荐影理由

影片中的小飞象呆宝，从一出生就遭到包括马戏团老板在内的很多人嘲笑，到第一次演出时被观众轰赶，与众不同的大耳朵带给它的是被排挤的无助和恐惧。当人们发现小象能飞时，它一次次吸入羽毛飞离地面，甚至为救妈妈不得不配合表演。最后，当它深陷火海失去羽毛时，最终靠着勇气飞了起来，呆宝成了名副其实的小飞象。

从这个意义上来说，这是一个关于战胜自我获得成长的故事。在小学高段，孩子们自我意识正在初步觉醒，希望这部影片能让孩子们学会接纳自我，找寻勇气，拥有自信。

观影准备

1. 搜集关于马戏团的知识资料。
2. 了解马戏团的动物是怎样被训练出来参加演出的。

电影精读

关于残缺

电影中的小飞象，一出生就因为一对硕大的耳朵异于同类，与大家期待的象宝宝有较大落差，于是成了"残疾病态"的存在物，身体特异成了与生俱来的残缺，所以被人歧视、排挤。

战争让刚从战场退役的军人霍尔特失去了左臂，原本作为马术大师的他只得在马戏团谋了一个照顾大象的工作。而在一场疾病中，米莉姐弟失去了母亲，相依为命挨过了一年多的时间，等来的是失去左臂的父亲，三人组成了一个残缺的家庭。

小飞象的残缺，是一种先天而来的身体异常。面对人类的嘲笑排挤，它一双大眼睛流露着不安与恐慌。尽管大耳朵可以让它高飞，但并没有给它带来多少快乐和自信。遇到危险或遭到轰赶时，无条件接纳和宠爱孩子的母象珍宝太太就是小飞象的避风港。

这里带给家长的启示是，一定要无条件地去接纳、去爱自己的孩子，接受孩子本来的样子，给孩子绝对的安全感，这是孩子自信的源泉。

关于接纳

除了米莉姐弟，越来越多的人接纳并且喜欢上了小飞象，它享受着人们的欢呼，享受着大家为它洗澡时的泡沫，享受着人们温柔友好的爱抚，小飞象变得越来越从容快乐——如果不去想妈妈的话。

当然，电影到最后，小飞象和妈妈回到了大自然的怀抱，在热带雨林中自由生活，在温暖友善的象群中舒展飞翔。世界接纳了它的与众不同，它也接纳了自己凌空飞翔的宿命。

军人霍尔特失去了胳膊，失去了妻子，被迫成了一名驯象师。这是来自生活无情的考验，但他默默接受现状，努力做好自己的工作，拼尽全力帮助小飞象重获自由，最终获得了感情和事业双丰收，用残缺的身体交出了圆满的人生答卷。

关于接纳，电影带给我们的不仅仅是父母要接纳孩子，个人要接纳生活的变化，人们要接纳所谓的异类，更重要的是，每个人都要从内心深处去接纳自我，去悦纳生命。

关于勇气

小飞象偶然间因为吸入羽毛而离地起飞，从此它的每一次飞翔必定需要一片羽毛作为触发器。

但当它在大火中眼睁睁看着那片让它高飞的羽毛化为灰烬，它不知所措地站在那里。尽管米莉爸爸告诉它不需要羽毛也能飞，但任凭他们怎么催促，小飞象都不敢起飞。

情急之下，米莉把一直戴在身上的那把妈妈留给她的钥匙摘了下来，告诉小飞象："我能用这把钥匙打开任何门，你也可以。但我不需要钥匙也能打开门，你也不需要羽毛就能飞。"说完米莉把钥匙扔向了远处，小飞象看着抛出去的钥匙，若有所思。最终，它大步向前走去，扇动大耳朵，奋力高飞！

影片中这个场景的刻画非常细腻动人，因为被周围人嘲笑，呆宝一直很自卑，它没有意识到自己的天赋异禀，只有当一片羽毛出现，才能展开像翅膀一样的耳朵自由翱翔。可是如果羽毛不见了，它就害怕不敢飞了。羽毛成了帮助它飞翔的工具，也成了限制它自由高飞的枷锁。

其实有没有羽毛都没什么关系，只要你是一只会飞的象，只要你有勇气去振动像翅膀一样的耳朵，你就能凭自己的努力自由飞翔。

这里对于孩子们的启发是，要勇于打破自己的固有认知，要有勇气去大胆尝试，才会创造属于自己的奇迹。

电影沙龙

问题讨论一：你认为小飞象这一对与众不同的大耳朵是缺陷吗？

学生角度：从一出生，呆宝就有着一对大得离谱的扇风耳，马戏团老板厌恶它的长相，要求在第一次亮相马戏表演的时候把它的大耳朵弄掉。在一个天生并不友善的环境里，只有大象妈妈喜欢它、呵护它。大耳朵对于呆宝来说确实是一场猝不及防的噩梦。

家长角度：每一个当妈妈的都希望自己生下一个健康可爱的宝贝，象妈妈珍宝当然也不例外。可是当发现刚出生的呆宝耳朵异常，象妈妈依然毫不犹豫地呵护孩子，在妈妈的眼里，呆宝的大耳朵不是缺陷，而是可爱的特点。

老师角度：然而，也正是因为有这样一对大耳朵，呆宝才能够飞翔到空中，因此得到了米莉姐弟的精心照顾，受到了马戏团人们的热情欢迎，并在营救妈妈的计划中历练出非凡勇气。最终母子团聚，重获自由。

问题分析：引领孩子正面认识小飞象的大耳朵这一与众不同的特质，意识到要从不同角度去看待某种现象，对待问题。缺陷，也是让小飞象卓尔不群的特点。

问题讨论二：你怎么看待每个人身上不同于别人的特点或者缺陷？

学生角度：如果是自己出生就有身体缺陷，长大后看着自己和别人不一样的地方，心里肯定非常难过，也许会怨恨命运为什么这样对待自己，甚至不能接受自己的与众不同。

家长角度：如果自己的孩子不幸有了某些缺陷或者明显异于别人的地方，父母在经历过最初的纠结痛苦之后，也会义无反顾地去爱自己的孩子，并且希望能给孩子最大的保护和支持，让孩子除了身体强壮健康，还要有强大坚韧的内心去迎接所有的考验，从而拥有自由快乐的人生。

老师角度：那些与众不同的人注定了迟早要发出与众不同的闪耀光辉。只要你肯用心学习，敢于接受挑战，迟早会让那些嘲笑你的人无地自容。

问题分析：每个人的童年或多或少都有这样的经历吧，比如因为自己是左撇子，走路姿势奇怪，或者声音和外表与众不同，因此从小就承受了无尽的嘲笑与伤害。面对自己的特点甚至缺陷，需要正确认识到这是与众不同的特质，进而接纳自己，拥抱自我，创造奇迹。

综合探究

1. 小飞象之自述篇：如果你就是这只小飞象，请把你在丢掉羽毛勇敢起飞前后的心路历程写下来吧！

2. 小飞象之穿越篇：如果小飞象来到了疫情之下宅家学习的你身边，你们会有怎样的对话和活动？大胆想象一下并写下来。

敢于面对，勇于担当
——《狮子王》

河南省济源市沁园路小学　　王肖云

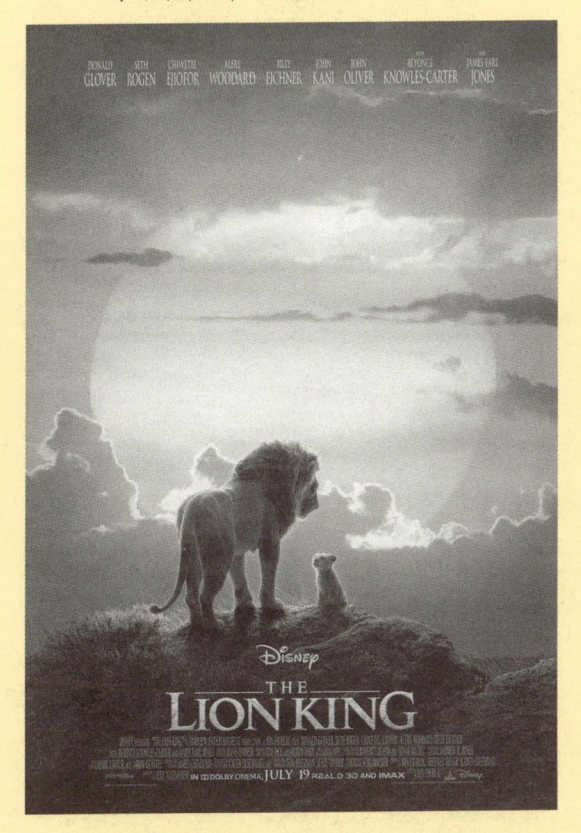

电影信息

导演：乔恩·费儒

类型：冒险

制片国家/地区：美国

上映时间：2019 年

荐影理由

疫情是现实的灾难，面对亲人丧失或朋友离去，孩子们稚嫩的心灵会不安动荡。怎样面对分离，怎样认识自己，怎样承担起责任等又是成长中亟待解决的难题。借此教育契机，选择《狮子王》这部电影，与孩子们一起来探讨这些问题。

观影准备

1. 知识准备

读有关父与子的文章，搜集感人的亲情故事。

2. 活动准备

游戏——《责任》。

电影精读

辛巴的成长史

辛巴是荣耀王国的小王子，它顽皮、可爱、喜欢冒险。父亲木法沙在一次救助它的过程中被叔叔刀疤暗害而丧生。父亲的去世令辛巴在逃避中迷失。它在逃亡中遇到了机智的丁满和善良的彭彭，辛巴屏蔽过往的记忆，过着世外桃源的生活。后来，青梅竹马的娜娜和长老拉飞奇的出现让辛巴领会了责任的真谛。重返荣耀大地的辛巴战胜了刀疤，完成了从好奇冲动的傻小子，到自在享乐的少年，再到有担当的男子汉的转变历程。这种成长历程，对每个人都有教育意义，尤其是成长中的孩子。

儿时的辛巴——父爱与传承。儿时的小辛巴是幸福的、幸运的。作为狮子王的儿子，它集万千宠爱于一身，特别是父亲木法沙对辛巴的爱与教育，感人至深。

伴随着第一缕阳光洒落大地，木法沙告诉儿子："辛巴，你看，阳光照耀下的一切，都是我们的王国。""你应该牢牢记住，这里需要你来守护，这是你的责任！"当小辛巴问父亲"国王不是做什么都可以吗？"的时候，木法沙告诉他："虽然有的王只想索取，但真正的王致力于奉献。"它还告诉辛巴："万物维持着微妙的平衡才得以共存，身为国王你必须了解这种平衡。尊重所有的生命，不管是爬行的蚂蚁，还是跳跃的羚羊。"

小辛巴对父亲充满了崇拜，渴望成为像父亲一样的人。辛巴为了急于证明自己，上了心怀叵测的叔父的当，误入了鬣狗的领地。在最后的生死关头，父亲木法沙及时出现，击溃了鬣狗，救下了辛巴。回到草原，父亲教导他："真正的国王是不会把它的朋友以及家园置于危险境地的。"小辛巴说它想像父亲一样勇敢。"勇敢并不代表你要到处闯祸。"木法沙告诉儿子，"我只是在必要的时候才会勇敢。"小辛巴说："可是你什么都不怕呀！"木法沙告诉辛巴："今天我就害怕了，我怕会失去你……"

在整部电影中，父亲的角色对于辛巴的影响是巨大的。不论是父子俩作为朋友之间的谈心，还是父亲教导他如何才能成为一个真正的国王；不论是父亲教导它要尊重生命，还是在闯祸后告诉它什么是真正的勇敢，又或是不顾危险救儿子……国王的样子、父亲的影子都刻印在辛巴脑中，从未改变，这就是父亲最好的传承。

> **教育启示**
>
> 父母是孩子的第一任老师，幸福人生从家庭开始，从与父母的关系开始。父母对孩子无条件的接纳与关爱、陪伴与影响，都是生命的传承，都将成为孩子成长的力量源泉。

逃避现实的辛巴——友情与支撑

邪恶的刀疤将狮王木法沙谋害，还不忘给小狮王辛巴戴上心理枷锁："父亲是你害死的，辛巴！"辛巴幼小的心灵难以承受如此重压，觉得无颜回到荣耀国，它选择了外逃。成功躲避鬣狗追杀的辛巴来到了一个全新的地方，在这里又遇见了两个特别友善的朋友——疣猪彭彭和猫鼬丁满。它们帮助辛巴忘却悲伤，一起快乐成长。《哈库那，玛塔塔》是它们最爱唱的歌曲，歌名的意思就是没有烦恼，无忧无虑。

在两个快乐朋友的带领下，辛巴慢慢长大了。善良的人总会被善待，当彭彭和丁满差点成为娜娜口中的猎物时，辛巴及时出现帮它们脱离了危险。

后来，当辛巴决定回到荣耀国挑战刀疤时，彭彭和丁满对辛巴说："如果这对你很重要，我们会永远支持你！"它们知道此去一行很危险，但仍然选择要与朋友一起战斗。

教育启示

当我们遇到问题的时候，可以学习向朋友倾诉，他们将是我们走出困顿最有力的支撑。财富不是永远的朋友，而朋友却是永远的财富。在你最需要的时候能陪着你，对你不离不弃的朋友，一定要用心珍惜。

唤醒辛巴——找回自我

与彭彭和丁满在一起是全片最欢乐的时光，但也是辛巴对现实最深最远的逃避。有一次他们讨论"星星是什么"，当辛巴说"每一颗星星都是一个逝去的国王，会在天上看着我们"时，彭彭和丁满以为这是一个笑话。辛巴很痛苦又不愿意对它们讲述自己的过去，于是就孤独地离开了。可见往事可以尘封，但心里的痛一直与它的生命同在。虽然生活在欢乐谷中，但内心并不是真的快乐。

镜头再切换到荣耀国，曾经的青山绿水变成一片荒芜。儿时的玩伴娜娜，为了寻求帮助而出逃，在途中邂逅了辛巴。娜娜希望辛巴能带领荣耀国恢复到从前的模样，但辛巴退缩了，因为它无法面对自己过去犯下的错误，无法面对自己的族人。

长老拉飞奇知道了辛巴没有死，找到辛巴说道："你是谁？你是国王木法沙的儿子！你的父亲没有死，它一直在看着你……"辛巴听到这番话后犹豫了。拉飞奇又循循善诱地说："过去的伤总是会痛。但我认为，你可以选择逃避，或者选择从中吸取教训。"

辛巴跟着拉飞奇来到了湖边，凝望着水中的倒影，忽然出现了父亲木法沙的声音："辛巴，你要记住自己是谁！你是我的儿子，是唯一真正的荣耀国国王！"

其实，一直以来，木法沙就住在辛巴的心里，只是辛巴不肯接受父亲的离去。看着水里的倒影，听着父亲的话语，辛巴终于惊醒，它找回了自己：我是国王的儿子，是狮子王，我有守护荣耀国的责任！

★教育启示★

知道自己是谁很重要，迷失自我的人是没有力量的，只有自我认同才能理智地看待并接纳自己。逃避永远无法解决问题，只有直面伤痛，吸取教训，才能真正地成长。

王者归来——责任与担当

娜娜和长老拉飞奇的出现点醒了辛巴，让它意识到自己肩负的责任；湖面上木法沙的倒影使辛巴彻底惊醒，进一步推动辛巴找回真正的自己。它不再畏难，不再逃避，而是选择承担起自己作为儿子和国王的责任。

辛巴踏上了回家的路。当刀疤说出是它杀死了木法沙的实情后，辛巴终于卸下了对父亲去世的负罪感，打开了多年以来的心结，开始与自己和解。

当辛巴战胜了刀疤后，在荣耀石上发出一声怒吼时，那一刻我们看到——辛巴，真正的王者归来了！

辛巴成了新的国王，像它的父亲一样，用爱守护着自己的国土。在每天的日起日落中，生命又开始了新的轮回，周而复始，生生不息。

教育启示

成长的过程很辛苦，有与生俱来的责任担当。"每个人都有自己的价值，即使是无名之辈。"爱我们的家人，爱我们的国家，让其变得更好是我们的责任，也是人生意义所在。

电影沙龙

刀疤是《狮子王》里的反派角色，木法沙的亲弟弟。它一心想除掉木法沙和辛巴来继承王位。它先是引诱辛巴到大象墓园让鬣狗将其杀害，失败后又策划峡谷狂奔，害死木法沙，并将责任推给辛巴。

问题探讨一：生活中，我们该怎样防范坏人和保护自己？

学生角度：要清楚生活中不只有鲜花，也有荆棘；遇事不冲动，不以身涉险；要知道自己的能力有限，知道生活不会都朝着自己想要的方向发展。

家长角度：平时多对孩子进行安全教育，防范身边嫉妒我们的人。做事不张扬，不给自己和家人树敌。

老师角度：坏人多利用孩子的好奇心和逆反心理促使其坏事得逞，所以我们平时要教育孩子有规则意识，任性会把自己置于险境。

家校联合：让孩子多关注新闻，了解社会；在大人视野内给孩子出错的机会，让其认识到危险的存在；遵守规则，尊重生命，没有天上掉馅饼的事……

狮子王木法沙带着辛巴巡视国土时对他说："凡是阳光照耀的地方，都是我们的国土，都在我统治之下。但是，国王的统治时间，像太阳一样有起有落。有一天，我的太阳会落下，而你则会作为新王冉冉升起。"

问题探讨二：分离是件痛苦的事，怎样做才能让自己心里好过一些？

学生角度：分离是一种痛。当必须面对的时候，感觉真的很残酷，很无助，生活失去了安全感。我们可以找伙伴玩，向好朋友倾诉，选择自己感兴趣的事去做，用转移注意力的方法让自己心里好过一些。

家长角度：陪伴是最长情的告白，陪伴就是力量。作为父母，多陪伴，让孩子学习独立，学习交友，学会做人，学会助人，也学会求助，理解信任的力量，相信我们的孩子是可以担起自己的使命的！

老师角度：世间唯有分离是永恒的，像木法沙说它会像夕阳一样落下，辛巴会像朝阳一样升起。教育孩子珍惜身边的每一个人，珍惜在一起的日子；让他们懂得世间万物都有联系，自己不是孤立的存在；改变能改变的，接受不能改变的现实。

影片中有一个片段是辛巴、彭彭、丁满在谈论"星星是什么"。丁满说：星星就是萤火虫，被罩在了一个黑色的罩子里，所以下不来；彭彭说：那是几千里之外的气体在燃烧；辛巴说：每一颗星星都是一个逝去的国王，会在天上看着我们……

彭彭和丁满不知道辛巴的故事，以为这是一个笑话。辛巴想起了它的爸爸和那些难过的往事，独自离开了。

问题探讨三：你与朋友相处中，有过像辛巴一样不被理解的情况吗？如果你是彭彭或丁满，在以后与朋友的交往中需要注意些什么？

学生角度：我们一定嘲笑过别人也被别人嘲笑过。是朋友就应该敞开心扉，如果彭彭和丁满知道辛巴曾经经历过什么，就不会笑话辛巴，辛巴也不会因此陷入痛苦与孤独中。

家长角度：每个人都有不为人知的过去，我们要教育孩子学会尊重别人。

老师角度：既然是存在的，就是合理的。要学会站在别人的角度思考问题，去理解他人，尊重他人。

综合探究

1. 回答问题

《狮子王》是一部史诗般的经典著作，可以探讨和学习的内容还有很多。看完这部电影后，你们是否能解答下列问题呢？

（1）木法沙是怎样教育辛巴要学会尊重的？他自己又是怎样

做的?

（2）根据电影中木法沙和辛巴的谈话，结合生活实际，谈一下你对"勇敢"的理解。

2. 学以致用

（1）当鲁莽冲撞、惹是生非的时候，我们会想起木法沙的谆谆教导。（"我只是在必要的时候才会勇敢。""勇敢并不代表你要到处闯祸。"）

（2）当自我怀疑、萎靡不振的时候，我们会想起拉飞奇说的话。（"每个人都有自己的价值，即使是无名之辈。"）

3. 问题征集

如果你还有奇妙的想法，请在下方留言，让我们比一比谁最聪明。

水乡风情画，拳拳少儿心
——《草房子》

安徽省阜阳市颍东区杨楼孜镇王台小学　　吴培

电影信息

导演：徐耿

类型：剧情 / 儿童

制片国家 / 地区：中国

上映时间：2000 年

荐影理由

影片向我们展现了生活在油麻地小学这片土地上淳朴的人们，以主人公桑桑的视角讲述了纸月、杜小康、陆鹤，还有他和他父亲的故事。每个人物的人生遭遇和他们所散发的精神品质，都是值得后人思考的。这部影片为疫情期间的孩子、家长及其家庭带来慰藉，帮助人们顺利度过这一特殊时期。

观影准备

1. 感受儿童纯真的童年生活与友谊。
2. 在不同人物的遭遇中，体会他们的品质。
3. 帮助人们在疫情之下仍然保持对未来美好生活的憧憬与向往。

电影精读

电影是在主人公桑桑的童谣中开始的，向我们讲述了油麻地小学这片土地上人们的生活。

孩子

这是一群纯真的孩子。桑桑、纸月、杜小康、陆鹤（人称秃鹤），每一个孩子的笑容、眼神都深深地印在观影者的脑海里。桑桑在雨中狂舞喧叫，在炎热的夏天穿着棉袄戴着皮帽在校园里高歌以引来全校师生的目光，护送纸月回家从桥上纵身跳下，含着眼泪吃着从杜小康那里买来的糖。纸月每天来回十几里路，往返板仓与油麻地之间。她得知桑桑生病后,就把她最珍贵的挂件——生肖龙送给了桑桑,这寄托着她的希望与祈祷。杜小康家是油麻地最富有的人家,是油麻地小学唯一一位有自行车的小学生。大家都想摸摸他的车子,骑骑他的车子。放学后在校园里,大家轮流骑着、闹着、笑着……别以为杜小康生活在富人家就是纨绔子弟,他可是个品学兼优的孩子,麦场失火他能勇敢地站起来承认自己的错误。还有陆鹤,他一心向上,想参加学校的会操比赛,他个头大,劳动时打得满满一筐草……

教育启示

纯真的孩子,并不代表没有矛盾发生。换句话说,越是纯真的孩子,越容易发生矛盾。孩子之间发生矛盾该怎么解决呢?是大人们、家长们插手介入吗?显然不该如此。孩子们的问题就交给孩子们自己解决吧!谁还不跟同伴发生点矛盾呢?正如杜小康与桑桑,他们俩似乎是一对宿敌,但自从杜小康家发生变故后,他们俩意识到彼此才是真正的朋友。杜小康交代桑桑替他好好上学读书,桑桑在梦中梦到杜小康养的鸭子下了蛋……

父亲

影片中的父亲都是粗暴的,遇事不问前因后果,不是巴掌就是鞋底。陆鹤不想上学,他爸什么都没问,直接就是一巴掌,还命令他:"这学一定得上!"王小小的父亲,拎着儿子的耳朵就奔到了学校，还嚷嚷着不许儿子剃光头。桑桑的父亲，虽是校长，但对待自己的儿子，也是巴掌、鞋底伺候。

桑桑的父亲——桑乔，视荣誉为命根子。他是一位好校长，但并不是一位好父亲。在桑校长的领导下，油麻地小学连续两年会操得第一，办公室里挂满了锦旗和奖状，桑校长的背心上印着鲜红的"奖"字，还有一箱紧锁的"先进工作者"笔记本……从这些荣誉中，我们不得不夸赞桑乔是一位好校长。然而，如此优秀的校长，又是如何做父亲的呢？在影片前七十分钟，我们就能看到他三次暴打桑桑，父子之间缺乏沟通与交流。后来，桑桑生病了，病得很严重，桑校长才真正担起父亲的责任。他背着儿子桑桑四处求医，甚至不顾形象与医生争吵。桑桑承认麦场失火，他也是其中的一员，父亲没有说什么，只是眼泪混着雨水一起流下……桑桑说，父亲说话的声音变了，他甚至希望一直这样病下去，只是为了得到父亲对他的关心和疼爱！

★教育启示

听听孩子的心声，无论是家长还是老师，都不要轻易下决定。草率的、粗暴的、简单的方式，只会对孩子造成二次伤害。比如陆鹤不想去上学，父亲问都没问，直接就给了他一巴掌。他只是在按照自己的方式管教孩子，却不知道陆鹤被人嘲笑，尊严扫地。桑桑撕父亲的"命根子"——组织上奖励的笔记本，被父亲关在屋里追着打。父亲不知道儿子撕本子是为了给上不起学的杜小康抄课本。即使孩子犯了错，也要心平气和地听一听孩子的声音，也许，就是另外一番景观！

家庭

在油麻地小学，有两个孩子的家庭是特殊的。一个是纸月，另一个是杜小康。

纸月，一个可怜的孩子。影片刚开始，我们就看到一位白发苍苍的老人扯着一个女孩走进了油麻地小学。这个女孩就是纸月。从她外婆口中知道，纸月的母亲去世了，她的爸爸也下落不明。在板仓小学，纸月受尽了欺负和侮辱，为了逃避这一切，她只能跑到十多里外的油麻地小学求学。纸月成长在这样的环境中，她比其他孩子显得更加懂事，是老师眼中难得的好学生。她不想让其他人说校长的坏话，她主动帮助师娘择菜……这是一个多么值得怜爱的孩子呀！后来，就连相依为命的外婆也去世了，纸月也上不了学了，被一个中年男子带上了来往于南京的客船，独自飘零在这人世间……

杜小康，生在油麻地最富有的人家。他家在红门做生意，许多村民都欠着他家的钱，就连油麻地小学校长也赊着他家的账。杜小康是唯一一个有自行车的孩子，唯一一个骑自行车上学的学生。然而，就是这么红红火火的家却完蛋了！红门被抄了，门被卖了，杜小康每天骑着的自行车也被扛走了，他爸爸勉强捡回来一条命。红门再也不是过去的红门了，杜小康也不能再读书了。他开始和爸爸在几百里外养鸭子、放鸭子，怀揣着鸭子下蛋便能重返油麻地小学的希冀。就在鸭子刚开始下蛋，黎明的曙光就在眼前时，鸭子却跑进了人家的鱼塘，吃光了人家的鱼苗，再一次破灭了杜小康的希望……只愿杜小康能像桑校长预言的那样：杜小康以后是油麻地最有出息的孩子!

> **教育启示**
>
> 都说穷人家的孩子早当家,纸月和杜小康都印证了这句古话。哪一个孩子愿意早当家呢?哪一个孩子不想无忧无虑地成长呢?可是当遭遇不幸,无论是成人还是孩子,又能怎么办呢?只能默默地忍受,接受这一切,扛住这一切,只有接受才是最有力量的!

电影沙龙

油麻地小学生活着淳朴的人们,无论是学生还是老师,一个个人物都具有鲜明的特征。桑桑调皮,爱尿床,爱养鸽子;陆鹤头皮锃亮,是个秃子;杜小康一直痴迷学习……

问题讨论一:你是否赞成陆鹤大闹会操现场?说说理由。

学生角度1:不赞成。他不应该参加会操,不仅仅是因为他做得不好,也因为他是个秃子,会影响学校的形象。

学生角度2:赞成。陆鹤是学校的一员,他有权利参加会操,展示他的学习成果。可是,学校不允许他参加。他就应该争取自己的权利。只是……只是他后来故意捣乱,扔帽子,不按照节拍做操,让学校丢脸,就太过分了。

家长角度:这件事一开始就是学校的错。学校是培养人的地方,陆鹤是个追求上进的孩子,他主动申请要参加会操,却被老师批评是捣乱。如果学校一开始就同意陆鹤参加会操比赛,事情也就不会闹成那个样子。

老师角度:这个问题需要站在不同的角度综合分析。先说学校,学校会操比赛已经连续两年拿第一名了,想继续保持第一名。为了这个第一名,学校工作考虑得特别细致,就连秃头的学生会影响学校的成绩和形象都考虑在内。为了确保万无一失,学校只能顾全大局,牺牲陆鹤。再来说陆鹤个人,他原来就时常受到同学们嘲笑,秃鹤比他的本名陆鹤还要响亮。在油麻地小学,所有人都知道秃鹤,却有人不知道陆鹤。陆鹤本来想借助会操好好表现,一洗前耻,可是没想到连老师也嫌弃他的秃头。因此他内心便积下怨恨,最终大闹会操比赛,以此报复。这件事没有赞成或不赞成,只是双方的立场不同罢了。

问题分析:马斯洛在人的需要理论中提到被尊重的需要,每一个人都有被尊重的需要。陆鹤并没有得到他人的尊重,这一需要无法得到满足,为了赢取尊重,他便采取了极端的方式。

家校联合:陆鹤大闹会操比赛现场,这只是问题呈现的表象,也就是冰山浮在水面上的那一部分,而问题的本质并没有被触及。要解决问题,就应该触及问题的本质。无论是家长还是老师,都应该走进孩子的内心世界,倾听孩子的声音,了解孩子的生活,与孩子站在一起并肩往前走。

问题讨论二:请你想办法帮帮杜小康,让他重返校园。

学生角度1:我们可以买杜小康家的鸭蛋,这样鸭蛋卖了钱,他就有钱上学了。

学生角度2：可以组织募捐活动，捐款帮助他上学，欠的债可以等他长大以后再还，先把学上好。

家长角度：杜小康，真是一个可怜的孩子。他本来生活在一个富裕的家庭，却遭到如此的不幸！如果要是有人家愿意收养他，那就好了。他就不用摆摊挣钱，也可以像其他的孩子一样，坐在教室里读书学习了。

老师角度：杜小康是一个聪明爱学习的孩子，他品学兼优，像这样的学生，学校如果能够提供一些帮助就好了！当然，政府的福利部门，社会上的公益机构，都可以为这样的孩子铺平求学道路，让他走进校园，坐进教室，不断地深造，将来为社会做出更大的贡献。

还有就是杜小康本人，不能因为受到他人的资助就停止前进的步伐，贪图享受好逸恶劳，而应该更加珍惜这来之不易的学习机会，奋勇向前，努力成长成才。

综合探究

童谣和谚语承载着一地的历史文化和风土习俗，试着搜集当地的童谣、谚语等，尤其是通过演唱童谣，借助抖音等新的传播媒介，让更多人了解到当地的风土人情和历史文化。

后 记

2020年,必定是载入史册的一年,我们的国家、民族、每一个人都经历了一场严峻的大考。当新冠肺炎确诊的数字在不断攀升时,可以想象疫情重灾区的湖北、封城之下的武汉面临着怎样的一场生死较量。全国上下所有人都在为这场疫情战斗,甚至是以牺牲生命为代价。

经历这次突发事件的孩子也在快速成长,他们在网络上进行各门课程的学习,但内心深处会有茫然、焦虑、害怕等情绪,正常的学习与生活受到挑战。在这个超长假期里,每个孩子首先都要学会对自己负责,他们要面对的不仅是学习方式的变革,更重要的是学习习惯的养成、良好心态的调整以及情绪的管理和控制。这时,会学习、自控能力强的孩子就会显示出强大优势,而那些依靠家长督促、老师看管的孩子无疑会被"大浪淘沙"。

我认为,把灾难当教材,与祖国共成长,是这次疫情教育的重大主题。

那么,我们能为战胜这场疫情做些什么呢?2月29日晚上

9点，我在微信上接到湖北省第二师范学院刘永存院长的邀请，询问能否为湖北省班主任培训设计中小学电影课程。湖北省疫情虽然不容乐观，但是湖北省的广大师生比想象中的更加努力和坚强，停课不停学，"武汉加油""武汉必胜"成为他们强大的精神动力。

我接到这个任务既激动又紧张，激动的是可以为湖北省抗疫做出一点贡献，紧张的是如何在极短时间内把电影课程设计好，从而为在疫情中奋战的老师们和孩子们提供高质量的电影课。疫情就是命令，两天后，我初步设计出了从小学一年级到高中三年级三学段九阶梯的电影课程体系提纲。这一体系围绕疫情期间培养中小学生的重要品质设计了六大主题——自我认同、家国情怀、社会责任、生态文明、家庭关系、家校共育。围绕六大主题为不同学段的孩子精选最适合他们观看的电影，我们希望通过这个电影课程培养孩子们在特殊时期强烈的国家认同感，承担相应的社会责任，处理好各种关系，深化生态文明观念。

这个体系设计容量大，需要设计课例、制作课件、录课并剪辑制作，要做出高品质的电影课程需要更多的人共同完成。这一活动受到河南省济源市第一中学领导班子的高度重视，支持湖北，义不容辞。本课程的研发也得到众多全国一线教师和校长的支持。尤其在"晓琳电影课程工作室""济源一中8+1工作室""王磊名班主任工作室"的共同推动下，大家不分昼夜，反复磋商，两周时间研发出适合疫情期间教育的"生命中的电影课"小学、初中、高中三学段课程。

本课程体系受到湖北省教育厅的高度认同，经层层严格审核作为对湖北省班主任培训正式课程"一周一电影"向全省中小学班主任推送。很快,本课程也被选为教育部疫情期间全国班主任、教师培训的线上课程,并向全国师生推送。

驰援湖北、支援全国,这一活动也受到大象出版社的鼎力支持。经过严格审核与指导,大象出版社为课程支援湖北提供了绿色通道,以最快的速度、最专业的团队、最高的效率支持本套丛书及时出版,争取尽快送到湖北师生、全国师生手中。

疫情既是现实的灾难,更是对孩子极好的教育契机和素材,我们希望通过"生命中的电影课",为全国师生和家长提供适宜的课程资源,在电影故事中增强孩子的生命意识,提升他们的国家民族观、生态价值观,培养出强烈的社会责任感,成为有担当、有理想、有信念的时代新人。

暗夜莅临,但你就是星光!

曙光破晓,必有你的一份微芒!

王晓琳